2014년 10월 15일 초판 1쇄 인쇄
2014년 10월 17일 초판 1쇄 발행

글 김은희 / 그림 루루지
펴낸이 이철규 / 펴낸곳 북스
편집 이은주 / 편집디자인 이지훈

편집부 02-336-7634 / 영업부 02-336-7613 / FAX 02-336-7614
전자우편 vooxs2004@naver.com / 등록번호 제 313-2004-00245호 / 등록일자 2014년 10월 18일

주소 서울특별시 광진구 동일로 4길 32 2층
값 9,800원
ISBN 978-89-6519-071-4 74800
      978-89-6519-057-8 (세트)

잘못된 서적은 구입하신 서점에서 교환하여 드립니다.
이 책은 저작권법에 의해 보호를 받는 저작물이므로 불법 복제와
스캔 등 무단 전재 및 유포·공유를 금합니다.

이 도서의 국립중앙도서관 출판시도서목록(CIP)은 서지정보유통지원시스템 홈페이지(http://seoji.nl.go.kr)와
국가자료공동목록시스템(http://www.nl.go.kr/kolisnet)에서 이용하실 수 있습니다.
(CIP제어번호 : CIP2014028658)

신화 속 사랑이야기

아폴론과 다프네

글 김은희   그림 루루지

새드엔딩의 대명사, 아폴론과 다프네

아폴론의 이름은 신화에 등장하는 모든 인물 중 가장 유명한 것입니다. 제우스의 수많은 아들 중 거의 유일하게 그와 대등하게 표현되는 이름인 동시에 수많은 이야기와 역사에 등장하는 이름이기도 하지요.

하지만 뭐니 뭐니 해도 그와 관련된 가장 유명한 일화는 바로 비극으로 끝난 첫사랑, 다프네와의 이야기입니다. 에로스의 화살에 맞은 아폴론과, 그를 피해 달아나다가 나무가 되어버린 다프네의 이야기는 너무 유명하지요.

신화 이야기와 더불어 신화중학교의 이야기 또한 잊으면 안 되겠죠? 밖에서 보면 고요하고 지루할 것 같지만 신화중학교는 지금 벌집을 건드린 듯 시끌벅적합니다. 전교생이 동요할 만한 사건이 일어나거든요. 드디어 신화중학교에도 교복이 등장한 것이죠.

레나와 진우, 우혁에게도 사건이 벌어집니다. 우혁이 갑자기 다른 사람처럼 돌변한 거죠. 상냥한 우혁이라니!

눈만 마주치면 티격태격 싸우는 우혁과 진우, 그리고 그 사이에 끼어 고생 중인 레나의 풋풋한 우정이 어떻게 발전하고, 그들 사이에 쌓인 갈등이 대체 언제쯤 풀릴지 궁금하시다면 책장을 넘겨 저와 함께 신화중학교로 떠나 보실까요?

머리말 _6

프롤로그 _11

1장
우혁, 갑자기 상냥해지다! _21

2장
최악의 첫만남 _46

3장
천덕꾸러기 아폴론 _72

4장
다프네의 마음을 잡아라 _95

5장
가장 강력한 사냥꾼은 누구? _115

6장
거대한 함정 레스터 계곡_142

7장
아폴론과 다프네_157

8장
영원한 사랑, 영원한 이별_179

부록 사랑의 저주를 받은 태양의 신 아폴론_188

프롤로그

아폴론은 더없이 기분이 좋았다. 며칠째 찾아다니던 사냥감을 드디어 잡았기 때문이다. 그는 태양의 신이면서 동시에 사냥의 명수였다. 올림포스에서 그보다 뛰어난 사냥꾼은 그의 쌍둥이 여동생이자 달과 사냥의 여신인 아르테미스뿐이었다.

아폴론의 어깨 위에는 쇠보다 단단한 나무로 깎아 만든 활이 매어져 있었다. 반들반들 손때 묻은 활은 완벽하게 휘어졌고, 질긴 사슴의 힘줄을 몇 겹이나 꼬아 만든 활줄은 손끝만 대도 퉁 소리가 울릴 정도로 팽팽하게 당겨져 있었다. 웬만한 성인의 키만큼이나 큰 이 활은 그의 자랑거리이기도 했다.

기분 좋게 걷던 아폴론이 문득 발걸음을 멈추었다. 멈춰선 그의 얼굴에 약간 놀란 듯한 표정이 떠올랐다.

"어라?"

그가 놀란 이유는 그를 향해 걸어오는 한 사람 때문이었다. 짙은 갈색 머리카락과 깊은 눈동자, 훤칠한 키, 호리호리하지만 단단한 몸까지. 청년은 누가 보더라도 아폴론과 닮아 있었다. 흡사 형제처럼.

아폴론이 걷고 있는 이곳은 올림포스였고, 당연히 상대방 역시 신이다. 그리고 아폴론은 상대가 누구인지 이미 알고 있었다.

"여~ 이게 누구야? 온 세상을 사랑으로 가득 채우느라 바쁘신 에로스 아닌가?"

"매일매일 정해진 시간에 태양의 마차를 끌어야 하는 아폴론 당신보다 바쁠까."

에로스는 아폴론의 바로 앞에 멈춰서며 대꾸했다. 둘은 서로의 숨결이 느껴질 정도로 가까이 서 있었다.

가까이 다가선 둘은 거울에 비친 한 사람처럼 보였다. 혹은 마치 쌍둥이 형제가 나란히 서 있는 듯했다. 하지만 올림포스의 신들 중 그 둘을 착각하는 사람은 없었다. 외모만 닮았을 뿐, 아폴론과 에로스는 전혀 다른 기운을 가지고 있기 때문이다.

아폴론의 기운은 태양의 신답게 그 누구보다 강렬했다. 밝게 웃을 때는 눈부신 금발이 더욱 환해지는 듯했고, 분노했을 때는 그 어떤 불보다 뜨거운 기운을 뿜어냈다. 성격 또한 즉흥적이고 격렬했다. 좋은 것은 반드시 표현했고, 싫은 것은 절대 참지 않았다.

반면 에로스는 아폴론보다 섬세하면서도 조금은 날카로운 눈빛을 가지고 있었다. 그의 능력은 사랑이고, 사랑은 인간에게나 신에게나 언제나 위험한 감정이다. 그의 성격이 섬세한 것은 어쩌면 당연한 일이었다.

그리고 바로 이런 상반되는 성격 때문에 아폴론은 에로스를 그다지 좋아하지 않았다.

'남자답지 못한 녀석.'

평소의 감정은 그대로 밖으로 표현되었다.

올림포스에서 화끈하기로는 둘째가라면 서러운 아프로디테의 아들인 에로스가 아폴론의 떨떠름한 표정을 그냥 보아 넘길 리 없었다.

"아폴론, 무슨 할 말이라도 있는 건가?"

"할 말은 무슨. 우리처럼 공통점 없는 신들도 드문데."

아폴론은 입 꼬리를 살짝 비틀며 어깨를 가볍게 한 번 으쓱였다. 그리고는 그대로 에로스를 스쳐 지나려 했다.

에로스 역시 아폴론을 좋아하지 않기는 마찬가지였다.

'공통점이 없다고? 알긴 아는군. 무식하게 힘만 센 녀석.'

섬세한 에로스에게 힘만 믿고 날뛰는 아폴론은 눈엣가시처럼 껄끄러운 존재였다. 그런 둘이 운명처럼 맞닥뜨렸는데 아무런 사건도 일어나지 않기를 기대하기란 애초에 불가능한 일이었다.

툭!

일부러 그랬는지 아니면 우연인지는 모르지만 아폴론의 활과 에로스의 어깨가 부딪혔다. 앗 하는 사이 활은 아폴론의 어깨에서 미끄러져 바닥으로 떨어졌다. 비록 올림포스에는 더러운 진창도 텁텁한 모래도 없지만 자신의 활이 바닥에 떨어진 자체가 아폴론은 참을 수 없이 불쾌했다.

"너 일부러 그랬지?"

에로스는 얄밉도록 상큼하게 웃었다.

"뭘?"

"활 말이야."

"활이 뭐? 네 활은 네가 잘 챙겨서 다녀야지. 나처럼."

에로스는 자신의 옆구리에 얌전히 매달린 작은 활을 툭툭 두드려 보였다. 순간 아폴론은 불쾌함도 잊은 채 웃음을 터뜨리고야 말았다.

"푸하하하! 듣기만 했지 보는 건 처음인데 네 활 정말 너무하군. 명색이 신이라는 녀석이 그것도 활이라고 들고 다니냐? 장난감도 그것보다는 크겠다. 그걸로 대체 뭘 맞힐 순 있는 거야?"

아폴론은 발로 바닥을 구르며 박장대소했다. 그리고 으스대며 자신의 활을 집어 들고는 자랑하듯 내보였다.

"신이라면, 아니 남자의 활이 이 정도는 돼야지."

아폴론의 놀리는 듯한 말에 에로스의 눈빛은 차갑게 얼어붙었다. 아폴론이 제우스의 아들이라는 자부심이 강하다면 에로스 역시 아프로디테의 아들이라는 자긍심이 하늘을 찌르는 신이다.

또한 아폴론이 태양의 신이라는 사실을 자랑스러워하듯 에로스 역시 사랑의 신이라는 자신의 자리를 굉장히 사랑했다.

에로스의 입에서 차가운 비웃음이 흘러나왔다.

"무식하긴. 신의 무기란 크기와 위력이 반드시 일치하는 건 아니라고. 내 활과 화살은 너의 활보다 몇 백배, 몇 천배는 막강하다."

에로스의 말에 이번에는 아폴론의 표정이 싸늘해졌다. 그는 태어날 때부터 위대한 존재였으며, 따라서 자신의 감정을 숨기는 방법을 알지도, 그것을 알려고 할 필요도 없었다.

"웃기는 소리. 그렇게 자신 있으면 어디 한번 그 화살의 위력이라는 걸 보여줘."

아폴론은 성큼 한 발 앞으로 다가가 가슴을 들이댔다.

"어서 쏴 보라니까? 그런 장난감보다 못한 화살에 찔려 봐야 가렵지도 않을 테지만 말이야."

에로스의 눈이 얼음처럼 싸늘하게 가라앉았다.

"후회할 짓은 하지 말지?"

아폴론이 비웃듯 입술을 비틀며 말했다.

"거짓말이 들통 날까 봐 도망가는 거냐? 네 우스운 활만큼이나 겁쟁이로구나."

에로스뿐 아니라 올림포스의 그 어떤 신도 겁쟁이라는 말을 듣고 화가 나지 않을 자는 없다. 에로스의 눈동자가 붉게 물들었다. 그 순간만큼은 그가 태양의 신 아폴론보다 오히려 뜨거운 기운을 뿜어냈다.

"너의 오만이 널 불행하게 할 거다."

에로스는 그의 작은 활의 시위에 빛나는 황금빛 화살을 걸었다. 맑은 소리와 함께 시위를 떠난 황금 화살은 아폴론의 왼쪽 가슴을 정확히 맞혔다.

에로스의 화살이 닿은 아폴론의 가슴에는 이상하게도 상처 하나 나지 않았다. 황금 화살은 마치 꽃잎처럼 그의 가슴에 부드럽게 닿았다가 신기하게도 그 속으로 스르르 녹아들었다. 화살이 녹아든 자리에는 아주 작고 붉은 점이 생겼다. 마치 붉은 핏방울이 맺힌 듯 선명하고 붉은 점은 처음부터 그의 가슴에 있던 것처럼 보였다.

아폴론은 자신의 몸속으로 녹아든 황금 화살의 이상한 기운에 잠시 움찔했다가 이내 피식 웃었다.

"이게 끝이야?"

"고통은 가장 나중에 찾아오는 법이지. 그리고 고통의 순간이 찾아오면 넌 나에게 빌게 될 거다. 비탄에 잠겨, 슬픔에 몸부림치며 오늘의 경솔했던 너의 말을 후회하게 될 거야. 그러니 지금이라도 조금 전의 말을 사과하는 게 어때?"

에로스는 이제 눈동자뿐 아니라 머리카락까지 붉게 물들어 있었다. 그가 온몸으로 뿜어내는 적의는 거의 손으로 만질 수 있을 정도로 강렬했다. 그는 위험해 보였고, 또한 강해 보였다. 하지만 안타깝게도 아폴론은 오만한 신이었다.

아폴론은 대수롭지 않다는 듯 어깨를 으쓱했다.

"빌어? 내가 너에게? 절대 그럴 일은 없을걸?"

에로스는 이번에도 아무 대꾸 없이 또 하나의 활을 꺼내 시위에 걸었다. 이번에 꺼낸 화살은 조금 전과 달리 시커먼 납으로 만든 화살이었다. 그는 납화살을 시위에 걸고 지상을 향해 쏘았다. 화살은 소리 없이 구름 사이로 떨어져 이내 보이지 않게 되었다.

에로스가 말했다.

"저 화살의 주인과 마주쳤을 때, 넌 죽을 정도로 괴로워질 거야. 그게 바로 내가 가진 힘이고, 내 화살의 위력이지. 넌 영원히 행복할 수 없을 거다."

에로스는 마치 저주하듯 한 글자, 한 글자 힘주어 말했다. 이상하게도 그의 말은 귀가 아니라 머릿속에 바로 아로새겨지는 듯했고, 그래서 아폴론은 대꾸할 말을 찾지 못했다.

"이상한 녀석."

아폴론은 에로스가 떠나고 한참 뒤에야 아무 대꾸를 하지 못한 자신이 못마땅한 듯 인상을 찡그리며 가슴을 문질렀다.

구름을 뚫고 바람보다 빠르게 지상으로 떨어져내린 납화살은 어느 강가의 커다란 고목에 꽂혔다. 부실한 고목의 껍질은 작은 화살의 힘을 견디지 못하고 그대로 쩍 갈라졌고, 그 갈라진 틈으로 납화살의 뾰족한 촉이 가시처럼 삐죽 튀어나왔다. 마치 화살의 주인을 기다리기라도 하듯.

잠시 후, 강가로 누군가가 다가왔다. 커다란 활을 어깨에 메고 긴 머리카락을 바람에 흩날리는 아름다운 소녀였다. 소녀는 강가에 무

릎을 꿇고 앉아 맑은 강물을 조금 떠먹었다. 그리고는 강가에 선 고목에 등을 기댔다.

"아야!"

등을 기대자마자 소녀는 작게 비명을 지르며 펄쩍 뒤로 물러섰다. 그리고 고목을 유심히 살펴보았다. 하지만 미세하게 갈라진 고목의 껍질에는 작은 가시 하나 돋아 있지 않았다.

"이상하다. 분명 뭐에 찔렸는데……."

소녀는 아직까지 따끔거리는 어깨를 만지며 고개를 갸웃거렸다. 비단결보다 더 매끄러운 어깨에 작고 검은 점 하나가 생겨났지만 소녀의 긴 머리칼에 이내 덮이고 말았다.

소녀가 잠시 휴식을 취한 뒤 떠난 그곳에 내려선 것은 에로스였다. 에로스는 소녀가 기대섰던 고목에 손을 댔다. 그러자 분명 아무것도 없던 고목의 틈새에서 작은 화살 하나가 천천히 튀어나왔다. 그것은 그가 지상으로 쏘았던 납화살이었다. 하지만 납화살의 시커먼 촉은 이미 사라진 뒤였다.

에로스는 촉이 사라진 화살대를 집어 들었다.

"아폴론, 너의 비극은 이미 시작된 것 같군."

에로스의 눈빛은 그 어떤 때보다 차가웠다.

1장
우혁, 갑자기 상냥해지다!

학생이라고는 딱 한 반이 전부인 신화중학교에 어느 날 작은 변화의 바람이 불기 시작했다. 태어날 때부터 멋과는 백만 년쯤 떨어져 있던 아이들이 어느 순간부터 부쩍 거울 보는 시간이 늘어난 것이다.

그 시작은 춘례였는데, 그녀는 자신의 짝사랑을 이룰 수 있도록 도와달라며 레나를 찾아왔었다. 하지만 그 대상은 하필 태어날 때부터 응애 소리 한번 안 했을 것처럼 무뚝뚝한 우혁이었다. 당연히 그녀의 짝사랑은 제대로 시작해 보기도 전에 산산이 부서졌고, 레나는 시무룩해하는 춘례를 위해 그녀의 외모를 살짝 바꾸어 주었다.

크게 바꿀 필요도 없었다. 치렁치렁한 앞머리를 싹둑 자르자 가려져 있던 커다란 눈동자가 선명하게 드러났고, 원래 얼굴이 작고 이목구비가 예쁜 춘례는 그것만으로도 전혀 다른 사람처럼 보였다.

"대박이다. 이게 나라고?"

햇볕 가득한 시골에서 자란 탓에 벌꿀 색으로 그을린 피부와 짙고 가지런한 눈썹, 붉은 입술은 춘례를 조금은 이국적으로 보이게 했다. 레나는 내친 김에 가지고 있던 세련된 티셔츠 몇 벌도 선물했다.

스타일을 바꾼 효과는 즉시 나타났다. 춘례의 변신을 본 신화중학교 전교생은 너도나도 자신이 사실은 숨겨진 패션 피플임을 주장하기 시작했다. 그리고 그런 친구들의 변화는 레나가 전혀 예상치 못했던 결과를 낳고 말았다.

"으, 내가 미쳐."

신화중학교의 전교생은 태어나서 지금까지 패션이라는 단어와 자신의 이름을 단 한 번도 나란히 써 본 적이 없는, 그야말로 자연인이었다. 원래 가지고 있던 촌스러움에 어설픈 멋이 더해진 친구들을 보는 순간 레나의 머릿속에는 단 하나의 단어만이 떠올랐다.

"패션 테러리스트!"

레나보다 더 괴로워하는 사람은 진우였다. 아이돌 뺨치는 패션 감각을 가진 진우는 독특하다 못해 난해하기까지 한 친구들의 차림새를 보는 하루하루가 고문이었다.

"으악! 눈이 썩을 것 같아. 선생님, 더 이상은 참을 수가 없어요."

괴로움에 몸부림치던 어느 날, 진우는 함재우 선생님에게 달려갔다. 전교생이 딱 한 반뿐인 신화중학교에는 그 규모에 알맞게 딱 한 명의 교사가 있었다.

"사실은 나도 보기 괴롭다. 애들이 갑자기 왜 이러는지 원……. 안 그래도 고민 중이니까 조금만 참아라."

촌스러운 옷도 옷이지만 아이들의 달라진 모습에 학부모들의 전화가 빗발치는 중이었다. 마침내 중대한 결정을 내릴 때가 온 것이다.

"교복이요?"

레나는 눈을 휘둥그렇게 뜬 채 재우 선생님의 말을 그대로 따라했다. 다른 아이들의 반응도 크게 다르지 않았다.

진우가 가장 먼저 비명을 질렀다.

"말도 안 돼요. 개성 없이 획일적인 교복이라뇨? 게다가 보나마나 촌스러울 게 분명하잖아요. 전 절대 안 입어요. 목에 칼이 들어와도 못 입어요. 제가 학교에 오는 목적은 제 화려한 패션을 자랑하기 위해서라고요."

레나는 다른 이유로 반대였다.

"교복이 얼마나 비싼데요. 전 있는 옷으로 버텨야 한다고요."

레나가 한숨을 푹 쉬자 재우 선생님이 빙긋 웃었다.

"다행히 우리 학교는 학생 수도 많지 않고, 학교에 여유 자금이 조금 남아서 교복 비용은 걱정하지 않아도 된단다."

"정말요? 그럼 전 찬성이요."

레나의 말에 재우 선생님은 고맙다는 듯이 씩 웃고는 다시 말을 이었다.

"그리고 너희도 이제 보면 알겠지만 교복이라고 다 촌스러운 건 아니야. 내가 고른 교복을 입으면 날씬해 보이고 다리도 길어 보일걸? 게다가 아침에 뭘 입을까 고민하며 옷장 앞에서 시간을 보낼 필요가 없으니 공부할 시간도 늘어나겠지?"

재우 선생님은 말을 마치며 교실 문 쪽을 향해 외쳤다.

"어서 들어와."

재우의 말에 교실 안으로 들어온 사람은 아침 내내 보이지 않던 춘례였다. 눈썹 바로 위까지 단정하게 자른 머리에 뒷머리를 단정히 빗어 내린 춘례는 처음 보는 교복을 입고 있었다. 새하얀 블라우스의 옷깃에는 크지도 작지도 않은 리본이 단정히 묶여 있었고, 주름이 잡힌 스커트는 활동적이면서도 여성스러웠다. 레나를 비롯한 여학생들의 눈동자가 한 순간 반짝 빛났다.

"예쁘다."

"오오~ 춘례 완전 모델 같아."

"쟤 다리가 원래 저렇게 길었어?"

재우 선생님은 여자 아이들의 반응에 만족스러운 듯 씩 웃다가 다시 문 쪽을 바라보며 외쳤다.

"야, 넌 거기서 뭐해? 냉큼 들어와."

재우 선생님의 외침에 이번에는 우혁이 머뭇거리며 교실로 들어왔다. 춘례와 마찬가지로 처음 보는 교복 차림이었다. 하얀 셔츠의 옷깃과 소매는 과하지 않을 정도로 단정한 체크무늬 천으로 마무리가

되어 있었고, 아무 장식도 없는 짙은 색 바지는 가뜩이나 사기에 가까운 우혁의 다리를 10cm쯤은 더 길어 보이게 했다.

레나는 자기도 모르게 중얼거렸다.

"헐. 이쪽이야말로 교복 모델이 따로 없네. 아이돌이 왔다가 울고 가겠다."

다른 아이들의 반응 역시 마찬가지였다. 하지만 정작 우혁의 얼굴은 쑥스러움과 창피함으로 시뻘겋게 물들어 있었다.

"으, 이런 것 좀 시키지 마요."

우혁은 재우 선생님을 노골적으로 노려보았지만 돌아온 것은 얄미울 정도로 생글거리는 미소였다.

"하나밖에 없는 조카, 이런 때 써야지 언제 쓰냐?"

재우 선생님은 생긋 웃어 보인 뒤 아이들을 향해 물었다.

"어때? 교복이라고 다 촌스러운 건 아니라니까. 마음에 드냐?"

대답은 춘례와 우혁이 들어오는 순간 정해져 있었다.

"네!"

힘찬 대답들 사이에 진우의 불만 가득한 목소리가 섞여들었다.

"쌤! 정말 너무하세요. 저런 건 절 시키셨어야죠. 누가 봐도 우리 학교 패션 리더는 저잖아요. 어떻게 우혁이한테 저걸 먼저 입혀요?"

너무나도 진우다운 불만에 레나는 자기도 모르게 웃음을 터뜨리고 말았다.

교복은 정말이지 탁월한 선택이었다. 일주일 만에 도착한 새 교복 덕분에 레나는 더 이상 친구들의 창의적이고 실험적인 패션을 참을 필요가 없었다.

"이렇게 입는 거 맞아?"

"영 어색해서……."

"치마가 너무 짧은 거 아니야?"

친구들은 난생 처음 입는 교복이 어색한지 이리 저리 몸을 비틀었다. 뒷산을 운동장 삼아 뛰어다니던 친구들이 하얀 교복에 먼지가 묻을까 안절부절못하는 것을 보며 레나는 웃음을 참지 못했다. 레나는 이전 학교에서 입어봤던 경험으로, 진우는 무슨 옷이든 자기를 위해 맞춘 옷처럼 소화해내는 발군의 패션 감각 덕분에 처음 입는 교복이 편하다고 느끼는 사람은 레나와 진우뿐이었다.

"역시 교복으로도 나의 우월함은 감출 수가 없다니까."

우혁마저도 교복이 주는 어색함에서 자유롭지 못했다. 매일 책상에 엎드려 잠만 자던 우혁은 몸에 꼭 맞는 교복이 불편한지 책상에 엎드렸다가 일어나기를 반복하다가 급기야 짜증을 내며 책을 펴들었다. 잠을 자지 않는 이상 교실에서 할 일이라곤 공부밖에 없었던 것이다.

"지금 이 상황이 무지 웃긴 거 너도 알지?"

"맞아. 교복 입었다고 갑자기 모범생 코스프레를 하고 그래?"

레나와 진우는 때는 이때다 싶어 신 나게 우혁을 놀려댔다.

'홍레나, 오진우. 아주 신이 나셨군.'

우혁은 주먹을 부르르 떨며 힐끗 레나를 돌아보았다. 레나는 웃음을 참느라 입술을 꽉 깨물고 있었다. 아무렇지도 않은 척했지만 겁을 잔뜩 집어먹었던 전학 첫 날과는 달리 이제는 완전히 신화중학교의 생활에 적응한 듯 편안해 보였다. 특별히 지켜봐 달라던 선생님의 부탁이 이제는 더 이상 필요 없어진 것이다.

더구나 이제 레나의 옆에는 부탁이 아니더라도 24시간이 모자랄 정도로 찰싹 붙어 있는 진우가 있었다. 짝처럼 나란히 보이는 둘의 옆모습에 우혁은 입술을 삐죽거렸다.

'쳇! 레나 쟤는 지 짝이 나라는 걸 잊었나? 하여튼 여러 가지로 마음에 안 들어.'

바로 그 순간, 우혁의 머릿속에 한 가지 생각이 번개처럼 스치고 지나갔다. 동시에 우혁은 자기도 모르게 피식 웃음을 흘렸다.

'그러고 보니 전학생들한테 환영식을 제대로 안 해줬잖아? 폐교에 가까운 우리 학교로 전학을 왔는데 제대로 된 납량특집 한번 찍게 해줘야지?'

우혁은 오전 수업이 끝나자마자 황급히 교실 밖으로 달려 나갔다.

"왜 저래?"

레나는 우혁의 뒷모습을 보며 고개를 갸웃거렸다. 지금까지 우혁이 점심을 거르는 일은 단 한 번도 없었기 때문이다.

진우가 피식 웃었다.

"뻔하지. 창피해서 저러는 거야."

"창피? 왜? 지금까지 본 중에 제일 멋있는데."

"윽! 서운하다, 홍레나! 나 같은 우주꽃미남을 옆에 두고 그런 말이 나오냐? 우혁이 걔는 멋진 게 아니라 멋진 척을 하는 거야."

급식실에 도착한 후로도 진우는 계속 입술을 삐죽이며 투덜거렸다.

"우와, 질투대폭발! 진우 넌 이럴 때 보면 영락없는 여자애 같다니까."

"야, 홍레나! 이렇게 멋지고 남자다운 내가 어딜 봐서? 다비드도 울고 갈 이 근육질 몸매 안 보여?"

"근육질은 무슨. 나보다 마른 것 같은데?"

"말랐다니? 이런 잔근육이 요즘 대세라고. 이거 만들려고 내가 얼마나 고생을 했는데. 잘 봐. 복근도 있다고!"

진우는 벌떡 일어나더니 갑자기 교복 셔츠를 가슴까지 끌어올렸다. 레나는 들고 있던 숟가락을 집어던지며 비명을 질렀다.

"꺄악! 오진우, 너 뭐하는 거야?"

다른 여자애들의 반응 역시 레나와 크게 다르지 않았다.

"꺄악! 선생님! 진우가 미쳤어요!"

"엄마야!"

비명소리에 대한 재우 선생님의 반응은 즉각적이었다. 우당탕, 뭔가 깨지고 떨어지는 요란한 소리와 함께 앞치마를 두른 재우 선생님이 바람처럼 달려왔다.

"오진우!"

재우 선생님은 엄청난 고함과 함께 시뻘건 김칫국물이 뚝뚝 떨어지는 국자를 휘둘렀다. 놀란 진우가 하얗게 질린 얼굴로 재빨리 물러서며 외쳤다.

"서, 선생님, 이거 새 옷이라구요! 김칫국물은 지워지지도 않는단 말이에요!"

진우의 말에 재우 선생님은 버럭 소리를 쳤다.

"얌마! 대낮에 여자애들 앞에서 훌렁 옷을 벗어젖히는 변태 녀석이 교복 걱정할 때야? 당장 이리 못 와?"

"으악! 내가 무슨 변태예요? 몸매 자랑 좀 한 걸 가지고!"

"그게 그 소리잖아!"

한참을 도망치던 진우는 결국 재우 선생님에게 잡혀 한바탕 잔소리를 들어야 했다.

우혁은 식사가 끝날 때까지 보이지 않았다. 레나는 식판을 정리하다가 자기도 모르게 힐끗 문 쪽을 돌아보았다.

"배고플 텐데……."

우혁이 돌아온 것은 급식 시간이 끝나기 직전이었다. 이상하게도 그의 새 교복에는 새까만 먼지가 얼룩덜룩 묻어 있었다.

"쯧쯧, 결국 새 교복도 아무 소용이 없네. 대체 어디에서 자다 온 거야? 하여튼. 얼른 준비해. 다음 수업은 음악실에서 할 거야."

레나가 고개를 흔들며 교실을 나서자 우혁은 그제야 느릿느릿 책을 챙겼다. 레나의 뒷모습을 보는 그의 눈빛이 한 순간 고양이처럼 번뜩였다. 레나의 뒤를 따라 교실을 나서는 우혁의 입가에는 드물게 미소까지 번졌다.

마지막까지 교실에 남아 있던 진우의 눈이 반짝거렸다.

"우혁이 녀석, 뭐가 있는데?"

우혁과 진우는 코흘리개 유치원 시절부터 지긋지긋하게 싸우고 또 싸운 사이였다. 진우가 우혁의 달라진 눈빛을 눈치 채지 못할 리 없었다.

"무슨 꿍꿍이지?"

항상 장난기 가득하던 진우의 얼굴에서 미소가 사라졌다. 모르는 사람이 봤다면 우혁과 진우의 성격이 뒤바뀌었다고 오해할 만한 상황이었다.

마침내 모든 수업이 끝나자 아이들은 삼삼오오 짝을 지어 교실을 떠났다. 다른 날과 달리 레나에게 놀아달라고 매달리던 진우마저도 웬일인지 종례가 끝나자마자 쏜살같이 교실 밖으로 달려 나갔다.

"웬일이래? 오늘 무슨 날인가? 다들 왜 저렇게 바빠?"

가방을 챙겨들고 옥탑방으로 올라가려는 레나를 불러 세운 것은 우혁이었다.

"홍레나, 삼촌, 아니 선생님이 과학실로 오래."

"나만? 왜?"

"모르지. 또 너한테 시킬 황당한 일이 떠올랐나 보지. 둘이 사고 잘

치잖아."

우혁은 읽고 있는 만화책에서 눈도 떼지 않은 채 툭 내뱉었다. 레나는 뭐라고 한 마디 더 물어보려다가 우혁이 이어폰을 끼는 것을 보고는 한숨을 푹 내쉬었다.

"하여튼 저 싸가지. 설명을 좀 친절하고 자세하게 하면 좀 좋냐고."

레나는 어깨에 반쯤 걸쳤던 가방을 다시 의자 위로 집어던지고는 교실 문을 드륵 열었다. 하지만 복도로 한 걸음 나서려다가 그 자리에 멈춰 서야만 했다.

"그런데 우혁아, 과학실이 어디야? 우리 학교에 과학실 없잖아."

우혁은 나머지 한쪽 이어폰도 마저 끼며 대꾸했다.

"없긴 왜 없어? 2층 복도 끝에 있잖아. 네가 아직 거기서 수업을 안 해서 모르는 거지."

"그런가? 알았어."

레나가 고개를 갸웃거리다가 복도로 나가자 우혁은 그제야 만화책을 집어던지며 폭소를 터뜨렸다. 아까부터 그림은 눈에 들어오지도 않았다. 이어폰에서도 아무 소리가 나지 않았다. 만화책과 이어폰은 레나가 말을 걸지 못하게 하기 위한 도구일 뿐이었으니까.

"크크크. 홍레나, 아마 깜짝 놀랄 거다."

저벅저벅.

먼지만 뽀얗게 쌓인 2층은 당장 귀신이 튀어나와도 이상하지 않았다. 레나는 자기 발소리에도 흠칫흠칫 놀랐다. 신화중학교에 처음 도착했던 날이 떠올라 팔에 오소소 소름이 돋았다.

"선생님은 왜 하필 이런 데에서 보자고 하신 거야? 무섭잖아. 아, 저기다."

우혁의 말대로 과학실은 복도 끝에 있었다. 간신히 문을 열고 들어간 과학실 안은 암실처럼 깜깜했다. 다른 교실과 달리 두껍고 검은 커튼이 유리창을 온통 뒤덮고 있어서였다.

"설마 불은 켜지겠지."

레나는 안으로 들어오자마자 벽을 더듬었다. 짐작대로 전등 스위치는 문 바로 옆에 붙어 있었다.

딸깍.

불이 켜지는 순간 레나는 높고 날카로운 비명을 질렀다.

"꺄아아악!"

우혁은 날아갈 듯 가벼운 발걸음으로 2층으로 올라왔다. 바로 그 순간 복도 저쪽에서 레나의 날카로운 비명소리가 들려왔다.

"큭큭! 놀랐을 거다. 그 해골 모형 꺼내느라고 내가 얼마나 고생을 했는데."

우혁이 점심도 거른 채 먼지 나는 과학실을 뒤진 것은 오전 내내 자신을 놀려댄 레나에 대한 일종의 소심한 복수였다. 우혁은 하얗게 질려 있을 레나의 모습을 머릿속으로 그리며 과학실 문을 열었다.

드르륵.

하지만 레나는 겁에 질리지도, 화가 나 있지도 않았다. 과학실 안의 풍경은 그가 상상했던 것과 전혀 달랐다.

"꺄악! 우혁아, 이것 좀 봐."

방실방실 웃는 레나의 품에 안겨 있는 것은 조그만 새끼 고양이었다. 꼬리 끝에만 노란 얼룩이 있을 뿐 온몸이 새하얀 고양이는 꼭 털뭉치처럼 작았다.

"완전 귀엽지? 깨진 창문으로 들어왔나 봐. 나 이거 옥상에서 키우고 싶다."

"안 돼!"

레나의 말이 끝나기도 전에 버럭 소리치는 우혁의 얼굴이 새파랗게 질렸다. 귀신이라도 본 듯한 그의 눈동자는 레나가 안고 있는 고양이에게 고정되어 있었다.

레나는 피식 웃으며 고양이를 앞으로 내밀었다.

"왜 그래? 혹시 얘 때문에 그런 거야? 정말 귀여워. 만져볼래?"

"오, 오지 마!"

쿠웅!

우혁이 다급히 외치는 순간, 그의 등 뒤에서 과학실의 문이 닫혔다. 흠칫 돌아본 우혁의 눈에 문에 기대 선 진우가 보였다.

진우가 키득 웃었다.

"내 말이 맞지? 우혁이 쟤 고양이 진짜 무서워한다니까."

"오진우, 당장 비켜."

우혁은 이를 뿌득 갈았다. 하지만 이 고양이 작전을 짠 사람이 바로 진우였다. 비켜설 리가 없었다.

레나가 혀를 차며 우혁을 보았다.

"교복 가지고 좀 놀렸다고 플라스틱 해골을 매달아? 유치해서 정말. 네가 초딩이냐?"

레나는 성큼성큼 우혁 쪽으로 걸어갔다. 두 손으로 고양이를 앞으로 쑥 내민 채.

"오지 마!"

우혁은 다급히 뒷걸음질을 쳤다. 하지만 과학실은 그리 넓지 않았고, 그중 절반은 쓰지 않는 책상들과 의자, 오래된 책무더기 같은 잡동사니에 점령당한 상태였다. 맨 처음 책상에, 그 다음에는 그 아래 삐죽 튀어나온 상자에 부딪힌 우혁은 앗 하는 사이 요란한 소리를 내며 과학실 바닥에 넘어졌다. 그가 그토록 고생하며 닦은 해골 모형과 함께.

냐옹~

진짜 사고는 바로 그 순간 일어났다. 요란한 소리에 깜짝 놀란 고양이가 레나의 품에서 튀어나간 것이다. 고양이는 특유의 유연함과 민첩함을 자랑하며 사뿐하게 내려섰다.

그런데 하필 고양이가 내려앉은 곳은 우혁의 얼굴 위였다. 고양이는 발밑에서 부들부들 떠는 우혁이 마음에 들지 않았는지 작게 캬릉

거리며 뾰족한 발톱으로 우혁의 뺨을 한 번 할퀴고는 그대로 깨진 창문 쪽으로 달아나버렸다.

"끄아아악!"

고양이가 자신에게 뛰어내리자 우혁은 비명도 절규도 아닌 괴성을 질렀다. 그리고 고양이의 발톱이 뺨을 할퀴는 순간 비명도 지르지 못한 채 축 늘어져버렸다.

"우, 우혁아! 설마 기절한 거야?"

"정말 기절했는데? 어쩌지?"

그제야 레나와 진우의 얼굴에서 웃음기가 싹 사라졌다.

신화중학교 안에서 이런 사고가 생겼을 경우, 학생들이 가장 먼저 떠올릴 수 있는 사람은 딱 한 명뿐이었다.

"선생님!"

"알러지요?"

"응. 우혁이는 고양이 털 알러지가 있어."

"하지만 예전에는……."

"어렸을 때는 이렇게 심하지 않았지. 그냥 재채기 정도? 그런데 자라면서 심해지더라고. 약 먹었으니까 이제 괜찮을 거다.

재우 선생님의 말처럼 우혁은 재우가 옥탑방을 떠난 뒤 바로 눈을 떴다.

"아으, 머리 아파."

우혁이 부스스 일어나자 레나와 진우가 동시에 외쳤다.

"우혁아, 정말 미안!"

"기절까지 할 줄 몰랐어. 진짜야. 다시는 안 그럴게."

화가 머리끝까지 났을 거라는 두 사람의 예상과 달리 우혁은 대수롭지 않다는 듯 손을 저었다.

"괜찮아. 친구끼리 그럴 수도 있지."

"정말? 너 기절까지 했던 거 기억은 나니?"

우혁은 정말 부끄러운지 얼굴까지 슬쩍 붉히며 웃었다.

"헉! 나 기절했었어? 우와, 엄청 창피하네. 그건 좀 잊어주면 좋겠는데."

진우가 레나의 옆구리를 슬쩍 찔렀다.

"쟤 지금 웃고 있는 거 맞지?"

"네 눈에도 그렇게 보이지?"

"재우 선생님 다시 불러야 할까?"

그때 우혁이 벌떡 일어났다. 귓속말을 나누던 진우와 레나가 동시에 움찔 놀랐다.

"왜……."

"잠깐만 움직이지 마. 됐다."

우혁의 손이 레나의 긴 머리를 잠깐 만지고는 떨어졌다.

"머리에 뭐가 묻어 있어서. 여긴 다 좋은데 벌레들이 문제라니까."

"고, 고마워."

무의식적으로 레나는 자신의 머리를 쓸어내렸다. 방금까지 먼지 가득한 과학실에 있었던 탓에 머리에 푸석푸석 먼지가 내려앉은 상태였다.

이번에는 레나가 진우의 옆구리를 찔렀다.

"진우야, 애 상태가 점점 안 좋아지고 있어. 지나치게 다정하잖아?"

진우는 이제 모르겠다는 듯 고개를 흔들며 돌아섰다.

"아, 몰라. 일단 눈 뜬 거 봤으니까 난 갈래."

"나, 나도 같이 가."

레나도 급히 진우의 뒤를 따랐다. 그리고 두 사람은 등 뒤에서 들려온 우혁의 목소리에 그 자리에 멈춰서야만 했다.

"둘 다 잘 가."

레나와 진우는 천천히 돌아섰다. 우혁이 웃으며 손을 흔들고 있었다. 그것도 엄청 밝게.

결국 진우가 버럭 소리를 쳤다.

"선우혁, 너 아까부터 왜 그래? 어울리지도 않게 상냥한 척할래? 그냥 화가 나면 화가 난다고 말을 하란 말이야."

"왜? 인사가 이상했어? 아, 이 시간에는 잘 자라고 해야 하나?"

우혁의 말에 진우는 자기 머리를 쥐어뜯으며 밖으로 나가버렸다. 문 밖에서 진우의 괴성이 들려왔다.

"으아아악! 제발 다시 까칠하게 굴란 말이야! 적응이 안 된다구!"

"진우 쟤 왜 저러는 거야?"

우혁이 물었다. 레나는 어깨를 한 번 크게 으쓱이고는 고개를 저었다.

"아무것도 아니야. 잘 자."

우혁은 이번에도 미소를 지었다.

"너도 잘 자."

우혁의 미소는 더할 수 없이 다정했고, 그래서 레나는 한동안 움직이지 못했다.

우혁이 물었다.

"왜 그래?"

"잘 자라는 인사를 정말 오랜만에 들었거든. 엄마 아빠랑 헤어진 뒤에…… 그러니까 이 학교에 오고 나서는 처음 듣는 것 같아."

입 밖으로 말하고 나니 외로움은 더욱 커졌다. 레나의 눈시울이 한순간 뜨거워졌다.

"윽! 창피하게……."

급히 돌아서는 레나의 등을 향해 우혁이 말했다.

"마, 많이 힘들면 내가 도와줄까?"

"어떻게? 노래라도 불러주게?"

급히 눈가를 비비며 레나가 장난처럼 물었다. 뜻밖에도 우혁이 고개를 끄덕였다.

"네가 원한다면."

레나가 눈을 깜빡이며 되물었다. 아니, 되물을 수밖에 없었다.

"네가 노래를? 정말?"

"그, 그게…… 막상 하려니까 좀 쑥스럽네."

"무리하지 마. 내일이면 후회할걸?"

레나는 그럼 그렇지 하며 피식 웃었다. 그리고 그의 방을 나섰다.

옥상은 이미 어두웠다. 이제 익숙해질 때도 됐건만 산중의 밤은 언제나 낯설었다. 가로등 하나 없는 어둠과 무거운 적막은 매일 밤 레나가 혼자라는 사실을 끊임없이 상기하게 했다.

우혁의 노랫소리가 들린 것은 레나가 막 자신의 방 쪽으로 돌아서는 순간이었다. 약간은 서툰, 그러면서도 읊조리듯 낮은 우혁의 목소리는 밤과 썩 잘 어울렸다.

레나는 빙그레 웃었다.

"매일 뭘 듣나 했더니 이런 노래를 좋아하는구나. 잘 하네."

레나는 우혁의 방문에 기대섰다. 그의 노래가 끝날 때까지. 마침내 노래가 끝나자 이번에는 레나가 속삭였다.

"고마워."

"좋은 아침! 일찍 내려왔네?"

다음 날 아침, 교실에 들어서자마자 레나는 가장 먼저 우혁에게 인사를 건넸다. 하지만 그는 화가 난 듯 인상을 찌푸리며 레나를 외면했다. 지난밤과 180도 다른 반응에 레나는 당황할 수밖에 없었다.

"왜 저래?"

"몰라. 아침부터 저기압이야."

레나의 말에 친구들은 고개를 흔들었다. 레나는 조심스레 그의 옆에 앉았다.

"우혁아, 혹시 어제 일……."

콰앙!

순간 우혁이 책상을 내리쳤다. 그리고 낮으면서도 위협적인 어투로 속삭였다.

"홍레나, 어제 무슨 일이 있었는지 난 기억도 안 나고 기억하고 싶지도 않아. 그러니까 너도 한 마디도 하지 마. 아니, 아예 나한테 말도 걸지 마. 알았어?"

레나를 노려보는 우혁의 눈빛은 싸늘했다.

'노래라니! 으아악! 정말 내가 미쳤지, 미쳤어.'

창피함을 숨기기 위해 우혁은 평소보다 더 차갑게 굴었다. 특히 레나에게는 더더욱.

"너무해."

하루 종일 이어지는 우혁의 짜증과 독설은 결국 레나의 눈에 눈물이 고이도록 만들었다. 지난밤 그에게서 받은 위로는 결국 그보다 몇 배나 더 큰 상처로 돌아온 것이다.

"야, 너 정말……."

이런 상황을 그냥 보아 넘길 진우가 아니었다.

"선우혁! 왜 레나한테 심술이야? 어제 일 때문이면 그거 네가 먼저……!"

"어제 얘기 꺼내지도 마라."

"사과했잖아? 사내 녀석이 찌질하게 왜 이래?"

진우의 말이 끝나기도 전에 우혁이 벌떡 일어났다. 둘은 누가 먼저랄 것도 없이 서로의 멱살을 움켜잡았다.

"찌질? 말 다했어?"

"아직 멀었거든?"

"둘 다 제발 그만둬!"

바로 그 순간 레나가 고함을 치며 벌떡 일어났다. 레나는 눈물 고인 눈으로 우혁과 진우를 노려본 뒤 교실을 뛰쳐나갔다.

뒤에 남은 우혁은 진우에게 으르렁거렸다.

"넌 잘 알지도 못하면서 왜 끼어들어?"

"내가 모르는 게 뭔데? 레나에 관한 일이라면 뭐든 알거든?"

"웃기고 있네. 넌 옛날부터 낄 데 안 낄 데 구분 못 하는 게 문제야."

"여기서 왜 옛날 얘기가 나오는 건데?"

둘 사이의 분위기가 정말 험악해지기 직전, 다행이 재우 선생님이 들어오셨다.

"이 녀석들, 뭐 하는 거야? 당장 앉아!"

재우 선생님의 등장에 우혁과 진우는 할 수 없이 씩씩거리며 자리에 앉았다. 재우 선생님은 크게 한숨을 쉬며 고개를 흔들었다.

"너희들을 어쩌면 좋을까."

운동장은 레나가 그다지 좋아하는 곳이 아니었다. 잡초가 울창하고 녹이 슨 골대 너머로 보이는 금이 쩍쩍 간 학교 건물은 자신이 어떤 처지인지 끊임없이 생각하게 하기 때문이다.

"하지만 오늘은 정말 교실에 있기 싫단 말이야. 그러고 보면 이게 내 생애 첫 땡땡이네."

레나는 운동장 한쪽에 서 있는 나무에 등을 기대앉으며 중얼거렸다.

굵은 기둥만큼이나 두꺼운 나뭇가지에 매달린 잎사귀들이 마치 커다란 지붕처럼 레나의 머리 위로 드리워졌다. 기분 좋은 향기가 은은히 풍겨오자 레나는 크게 하품을 했다.

"하아암! 이상하네. 어제 잘 잤는데……."

졸음은 밀물처럼 거침없이 쏟아졌다. 잠속으로 속절없이 빠져드는 레나의 귓가에 누군가의 노랫소리가 들리는 듯했다. 우혁보다 더 낮고 더 달콤한, 마치 누군가에게 사랑을 고백하는 듯 아름다운 노랫소리를 들으며 레나는 완전히 잠들었다.

2장
최악의 첫만남

'시끄러워……'

멀리서 벌들이 윙윙거리는 듯 시끄러운 소리가 들려오자 레나는 본능적으로 몸을 옆으로 비틀었다. 하지만 옆으로 돌아누워도 소란은 사라지지 않았다. 오히려 점점 더 커지는 소음에 레나는 인상을 잔뜩 찡그리며 눈을 떴다.

"대체 누구야, 아야!"

끙, 몸을 일으키려던 레나는 짤막한 비명을 지르며 뒤통수를 감싸 쥐었다.

"으악! 이게 뭐야? 혹 났잖아?"

레나는 불룩한 뒤통수를 만지며 툴툴거렸다.

"으이그, 잘한다. 어리디 어린 것이 뻗어가지고는…… 이거나 마셔."

바로 그때 코앞으로 불쑥 청동 잔 하나가 내밀어졌다. 레나는 생각할 겨를도 없이 덥석 잔을 받아들고는 잔에 든 음료를 마셨다. 그리고는 빛보다 더 빠르게 다시 토해냈다.

"우엑! 이거 뭐야?"

"술 깨는 약초 달인 물이다. 뭐긴 뭐야? 조그만 녀석이 벌써부터 술 먹고 뻗냐?"

"술 마신 거 아니거든!"

버럭 소리를 지르던 레나는 자신이 어딘가 또 다른 이야기 속으로 들어와 있음을 깨달았다. 그리고 그제야 주변을 조심스레 둘러보았다.

"여기가 대체 어디야?"

사방을 둘러보던 레나의 눈이 휘둥그레졌다. 주변은 꿈결처럼, 혹은 환상처럼 비현실적이었다. 바닥은 온통 구름처럼 보이는 희뿌연 안개가 깔려 있고, 대리석 기둥마다 초록 잎을 가진 덩굴 식물이 뒤덮었다. 천장은 그대로 하늘이고, 아름다운 부조가 새겨진 한쪽 벽에서는 마치 폭포수처럼 끊임없이 맑은 물이 쏟아졌다. 그리고 그렇게 쏟아진 물은 작은 시내를 이루며 바닥을 가로질렀다. 모든 것이 완벽할 만큼 아름다웠고, 그래서 더욱 현실이 아닌 듯했다.

그 이상한 공간을 가득 채우고 있는 사람들 역시 비현실적이긴 마찬가지였다. 티끌 하나 없는 깨끗한 천으로 만든 옷을 입고 갖가지 보석으로 치장한 그들은 모두 아름다웠고, 동시에 말로 표현할 수 없는 위엄이 넘쳐흘렀다. 눈빛은 별처럼 빛났고, 몸동작은 우아했으며 목소리는 컸다.

"쯧쯧, 여기가 어딘지도 모르니? 너 정말 단단히 마셨구나."

그제야 레나는 자신에게 약초물을 내민 상대를 쳐다보았다. 분홍색 드레스에 물결처럼 구불거리는 아름다운 머리카락을 가진 소녀였다.

레나는 얼떨떨한 가운데서도 입술을 삐죽 내밀었다.

"술 마신 거 아니거든? 넘어져서 기절한 거라고. 봐."

레나는 혹이 난 뒷머리를 그녀의 앞으로 들이밀었다. 소녀는 레나의 돌발행동에 조금 놀란 듯했지만 이내 손을 들어 그녀의 머리를 만져보았다.

"정말이네. 완전 부었어. 그런데 이상하네? 넌 신인데 어떻게 넘어졌다고 혹이 나?"

소녀의 말에 레나는 어이가 없다는 표정으로 답했다.

"신이라니? 난 인간이야."

이번에는 소녀가 황당한 듯 눈을 크게 떴다.

"말도 안 돼. 인간이 어떻게 여길 와? 여긴 신의 집이고, 당연히 신들만이 올 수 있다고."

"이 사람들이 다 신이라고? 너도?"

소녀는 가슴을 쫙 펴며 말했다.

"난 신은 아니야."

"그렇구나. 너도 나처럼 인간……."

"하지만 인간도 아니지. 난 강의 신 페네오스의 딸인 강의 요정 다프네야. 오늘 바쁜 아빠를 대신해서 억지로 끌려왔지."

"반가워. 난 레나라고 해. 홍레나. 그런데 여긴 대체 어디야?"

레나의 말에 다프네는 고개를 설레설레 저었다.

"어디긴 어디야? 디오니소스님의 집이지. 저기 산처럼 쌓인 포도주 안 보이니? 오늘은 디오니소스님의 생일이잖아. 놀기 좋아하고 먹을 거 많으니 아마 올림포스의 모든 신들이 죄다 몰려왔을······."

레나는 그의 말이 끝나기도 전에 벌에 쏘인 듯 벌떡 일어났다. 그리고 신들 사이로 뛰어들었다.

졸지에 홀로 남겨진 다프네는 화가 난 것도, 놀란 것도 아닌 묘한 기분에 휩싸였다.

"쟤 뭐야? 아니 무슨 인간이 요정을 이렇게 대놓고 무시해?"

다프네는 손에 들고 있던 잔을 무의식적으로 입가로 가져갔다. 그리고 그 안에 담긴 음료를 한 모금 마셨다.

"으윽, 써!"

"올림포스의 모든 신이 왔다고?"

신들 사이로 뛰어든 레나는 정신없이 디오니소스의 집 안을 뛰어다녔다. 디오니소스의 집은 무척 넓었다. 벽도 없는 그의 집은 아예 널따란 정원이었고, 커튼처럼 드리워진 덩굴을 지나면 또 다른 공간이 펼쳐졌다.

다프네의 말대로 신들은 정말 많았다. 하지만 그들 중 레나가 찾는 얼굴은 보이지 않았다. 한참을 이리저리 뛰어다니던 레나는 허탈한 표정으로 파티장 한가운데 멈춰 섰다.

"모두 왔다며…… 없잖아."

코끝이 찡하게 시려오자 레나는 서둘러 눈을 비볐다. 슬픈 일도 없는데 괜히 눈물이 나려고 했다.

"에이, 정말 창피하게 나 왜 이러지?"

레나는 급히 돌아서려다가 그만 누군가의 어깨와 부딪히고 말았다.

"미안."

"괜찮아."

다행히도 레나와 부딪힌 사람은 다프네였다. 울 것 같은 표정으로 뛰어간 레나가 걱정이 돼서 뒤따라온 것이다.

"마셔."

다프네는 또 다시 잔 하나를 내밀었다. 이번에는 다행히 시원한 물이었다. 레나는 그녀가 내민 잔을 받아들었다.

"고마워."

"으으, 지겨워. 이런 건 딱 질색인데. 아아! 사냥하러 가고 싶다."

다프네는 고개를 좌우로 휙휙 흔들었다. 길고 풍성한 갈색 머리가 부드럽게 물결쳤다. 사냥할 생각만 해도 좋다는 듯 다프네의 눈이 반짝거렸다. 맨 손으로 빵을 뜯어먹고 벌컥벌컥 물을 마시는 그녀는 레나의 눈에도 우아한 요정으로 보이지는 않았다.

다프네와 레나의 수다가 길어지려는 순간, 파티장으로 또 한 명의 신이 들어섰다. 그가 들어서는 순간 파티장 안은 마치 태양이 뜬 듯 환해졌고, 레나와 다프네는 거의 동시에 그쪽을 돌아보았다.

"맙소사."

레나는 급히 숨을 삼켰다. 눈이 부시도록 하얀 옷을 입고 파티장 안으로 들어서는 청년이 우혁과 너무나 닮아서였다. 하지만 그는 당연하게도 우혁이 아니었다. 우선 머리색이 달랐다. 깊은 숲속에 드리운 그림자보다 더 검은 우혁의 것과 달리 그는 빛나는 황금빛 머리카락을 가지고 있었다. 눈동자도 달랐다. 푸른빛이 약간 섞인 눈동자는 신비를 간직한 호수처럼 깊었다. 하얀 옷으로 감싼 어깨도 우혁보다 훨씬 넓었다. 하지만 그럼에도 그의 얼굴에는 우혁의 모습이 겹쳐 보였다. 또한 레나가 그토록 찾아 헤매던 얼굴이기도 했다.

다프네 역시 그에게 시선을 던졌다. 하급신이나 요정들과는 비교할 수조차 없는 위엄과 고결함이 그의 온몸에서 흘러나왔다. 굳이 그의 신분을 묻지 않아도 올림포스에서 가장 높은 신들 중 한 명임에 틀림없었다.

하지만 다프네의 관심은 거기에서 끝이 났다. 그녀는 잠깐 동안 그를 쳐다봤을 뿐, 이내 관심이 없다는 듯 고개를 돌렸다.

파티장 안으로 들어선 것은 아폴론이었다. 레나와 다프네가 그를 보았듯이 그 역시 파티장 안으로 들어서자마자 레나, 다프네와 눈이 마주쳤다.

두근.

순간 아폴론은 자신의 심장 뛰는 소리가 천둥소리처럼 느껴졌다. 심장 부근이 번개라도 맞은 듯 저렸고, 주변의 소리가 아득히 멀어졌다. 입가에는 자신도 모르는 사이 미소가 번졌다. 문제는 자신의 이런 변화가 눈물까지 글썽이는 긴 생머리의 소녀 때문인지, 아니면 길고 구불거리는 갈색 머리에 옷에는 커다란 얼룩을 묻힌 소녀 때문인지 알 수가 없다는 것이다.

"에로……스? 에로스 맞죠?"

하지만 아폴론의 들뜬 감정은 레나의 단 한 마디로 산산이 깨져버렸다. 레나의 말을 듣는 순간 아폴론의 얼굴은 언제 미소를 지었냐는 듯 딱딱하게 굳어졌다.

그는 성큼성큼 걸어 들어와 레나의 앞에 우뚝 멈춰 섰다.

"사교성 좋은 내가 올림포스에서 싫어하는 신이 딱 한 명 있어. 그게 바로 에로스야."

아폴론은 거의 으르렁거리는 것처럼 중얼대며 레나를 노려보았다. 그리고는 레나가 변명할 틈도 주지 않고 그대로 그녀의 몸을 번쩍 들어올렸다.

"으악! 뭐하는 거야!"

아폴론은 비명을 지르며 버둥거리는 레나를 그대로 냅다 분수대로 집어던졌다.

"꺄악!"

짧은 비명과 함께 레나는 그대로 차가운 물속으로 빠졌다. 보기에는 얕아 보이던 분수대는 사실 깊은 강에서 곧바로 솟아오르는 것이었다. 당연히 분수대의 물은 끝없이 깊고 깊었다.

'사, 사람 살려!'

레나는 필사적으로 외쳤다. 아니, 외치고 싶었다. 하지만 물속에서 말을 할 수 없기에 레나의 외침은 물거품처럼 사라졌다.

"어라?"

아폴론은 레나가 그대로 물속으로 가라앉자 오히려 놀라고 말았다.

"쟤 왜 저래? 무슨 신이 물에 빠지냐?"

파티장 안에 있던 다른 신들 역시 술렁거리며 분수대 쪽으로 모여들었다.

"누가 물에 빠졌어?"

"그게 말이 돼? 장난치는 걸 거야."

"장난이라기엔 너무 실감나는데? 쟤 봐. 완전 꼬르륵거리잖아. 얼굴도 파랗고."

바로 그 순간, 다프네가 외마디 비명을 질렀다.

"으악! 맞다. 쟤 인간이랬지?!"

다프네는 뒤늦게 레나의 말을 떠올렸다. 그리고는 그대로 분수대로 뛰어들었다. 강의 신 페네오스의 딸이자 강의 요정답게 다프네는 인어처럼 빠르게 헤엄쳐 단번에 레나의 손을 움켜잡았다. 차가운 수온 때문에 레나의 몸은 이미 차갑게 식어 있었다. 다프네는 레나를 잡자마자 수면을 향해 힘껏 헤엄쳤다.

"콜록콜록!"

물에서 나오자마자 레나는 물을 한 바가지 토해냈다. 그리고 몸을 덜덜 떨었다.

"추워……."

오들오들 떠는 레나를 보며 신들은 황당한 표정을 숨기지 못했다.

"진짜 인간이었어?"

"어떻게 여기……."

"그게 중요해? 저러다 죽겠어. 누가 얼른 쟤 옷 좀 말려봐."

신들 중 가장 놀란 것은 당연히 레나를 집어던진 아폴론이었다. 어찌할 바를 몰라 하던 아폴론은 누군가가 한 말을 듣고는 즉시 황금빛 기운을 일으켰다. 파티장 안은 순식간에 사막처럼 뜨거워졌다.

"으악! 아폴론, 좀 살살해."

"꽃잎이 다 시들어버리잖아."

다른 신들은 불만 가득한 목소리로 투덜거렸지만 레나는 단번에 온몸이 따뜻해져서 오히려 좋았다. 젖은 옷이 다 마르고 나자 레나는 고개를 들어 아폴론을 바라보았다.

"아폴론?"

그의 이름을 알고 나자 비로소 에로스와 다른 점들이 눈에 들어왔다. 조금 더 밝은 표정, 조금 낯선 분위기. 하지만 그럼에도 아폴론의 얼굴에서는 여전히 에로스의, 그리고 우혁의 얼굴이 겹쳐 보였다. 혼자 버려진 듯한 기분에 레나는 고개를 돌렸다.

'저 인간이?!'

레나가 힐끗 자신을 쳐다보는가 싶더니 휙 외면하자 아폴론의 얼굴이 일그러졌다. 하지만 이상하게도 화가 나기보다는 호기심이 먼저 피어났다. 감히 신들의 잔치에 숨어들어 물에 빠진 인간도, 예쁜 드레스를 입고 조금의 망설임도 없이 물속으로 뛰어든 또 다른 소녀도.

"괜찮아?"

아폴론의 질문에 대답한 것은 다프네였다. 다프네는 머리칼을 손가락으로 대충 쓸어 넘기고는 아폴론을 향해 쏘아붙였다.

"괜찮을 거 같아요? 애가 죽다 살아난 거 안 보이세요? 대체 무슨 생각으로 인간을 물에 던진 거예요? 당신이 그러고도 신인가요?"

"그, 그게…… 난 몰랐다고."

억울한 듯 아폴론이 웅얼거렸다. 다프네는 그런 아폴론을 사나운 눈초리로 쏘아봐 준 뒤 레나를 일으켰다.

"가자."

가뜩이나 물에 빠져 정신이 없는 레나는 순순히 다프네가 이끄는 대로 따라갔다. 파티장을 나가기 직전 레나는 힐끗 다시 한 번 아폴론을 돌아보았다. 그는 여전히 놀란 표정으로 레나와 다프네를 바라보고 있었다.

'너무 닮았잖아.'

레나는 따끔거리는 것이 손가락 끝인지 아니면 자신의 심장인지 알 수 없었다.

레나와 다프네가 빠져나가자 파티장 안은 언제 사고가 있었냐는 듯 다시 시끌벅적해졌다. 이리저리 몰려다니며 웃고 떠드는 신들 가운데 오직 하나, 아폴론만이 마치 돌이 된 듯 꼼짝하지 않았다. 누군가 아폴론의 어깨를 치며 물었다.

"뭘 멍하니 서 있어?"

아폴론은 그제야 긴 꿈에서 깨어난 듯 화들짝 돌아섰다.

"나도 잘 모르겠는데 나 좀 이상해. 더운 것 같기도 하고 숨이 찬 것 같기도 하고."

아폴론의 말에 상대방이 코웃음을 쳤다.

"태양의 신이 더위를 탄다고? 게다가 숨이 차? 너 오늘 왜 이러냐?"

"내가 생각해도 좀 이상하긴 한데 하여튼 내 상태가 그렇다고. 그나저나 방금 나간 애들은 대체 누구야?"

"몰라? 도도하기로 유명한 요정 다프네잖아?"

"다프네?"

"강의 신의 막내딸이야. 쟤 완전 철벽이야, 철벽. 남자라면 눈길도 안 준다니까. 얼마 전까지는 다들 어떻게든 환심을 사려고 열심이었는데 하도 철벽이니까 요즘은 모두 시큰둥해. 좀 짜증나는 스타일이랄까? 너도 혹시 마음에 있으면 일찌감치 접어라."

상대방의 말에 아폴론은 어설프게 고개를 끄덕였다.

"마, 마음이 있다기보다 호기심이 생겨서. 드레스 입고 물속으로 뛰어드는 여자는 별로 없잖아."

최악의 첫만남

대수롭지 않게 말하기는 했지만 다프네의 이름을 듣는 순간 이미 그의 심장은 뜨거워지고 있었다. 황금 화살을 맞은 왼쪽 가슴이 마치 커다란 창에 꿰뚫린 듯 아파왔다. 이미 사랑이 시작된 것이다. 그리고 그 사실을 깨닫는 순간, 아폴론은 파티장을 뛰쳐나갔다.

"아폴론, 너 어디 가?"

등 뒤에서 누군가 자신을 부르는 소리가 났지만 아폴론은 뒤도 돌아보지 않고 외쳤다.

"나중에! 지금 바빠!"

하지만 밖으로 나간 아폴론은 그 자리에 우뚝 멈춰야만 했다. 다프네가 사는 곳을 모르니 당연한 일이었다.

"으악! 답답해. 어디 사는지 물어나 볼걸."

아폴론이 그토록 알고 싶던 다프네의 집은 엘레이아 왕국의 깊은 숲속에 있었다. 마차 한 대가 겨우 다닐 만한 좁고 구불구불한 오솔길 끝에 자리한 다프네의 집은 하얗고 둥근 기둥이 세워진 아름다운 저택이었다. 하얀 계단 좌우로 뻗은 난간에는 잎이 푸른 덩굴 식물들이 휘감겨 있고, 사람 키보다 훨씬 더 높은 현관문에는 우아하면서도 단단해 보이는 청동 손잡이가 매달려 있었다.

"들어와."

레나는 다프네가 열어준 문을 통해 저택 안으로 들어섰다.

"헉!"

안으로 들어오자마자 레나는 자기도 모르게 인상을 찡그렸다. 집 안은 겉에서 보던 것과 전혀 달랐다. 넓은 거실에는 어디서 집어 왔는지도 모를 잡동사니들이 어지럽게 널려 있었고, 계단에는 다프네가 허물 벗듯 벗어던진 옷가지가 가득했다. 눈부시도록 새하얀, 아니 처음에는 분명 하얀색이었을 대리석 식탁은 흘러내린 과즙과 빵부스러기로 얼룩덜룩했다.

2층도 상황은 마찬가지였다. 수많은 방들 중 가장 심한 것은 당연히 다프네의 방이었다. 서너 명이 굴러다녀도 충분한 침대 위에는 다프네가 벗어놓은 옷과 읽다 만 책들로 겨우 한 사람이 눕기도 좁은 공간만이 남아 있었고, 바닥에 굴러다니는 신발은 제대로 짝이 맞는 것이 없었다. 벽과 복도에 쌓인 장식물들에도 먼지가 뽀얗게 쌓였다.

"너 보기보다…… 참 털털하구나."

레나는 마치 도둑이라도 든 듯한 집안 풍경을 둘러보며 입을 쩍 벌렸다.

"내가 좀 그런 편이지. 너도 네 집이라고 생각하고 편하게 있어. 아무 데나 앉아."

다프네는 발 디딜 곳도 없는 집안으로 성큼성큼 들어선 뒤 산처럼 쌓인 잡동사니를 시원하게 한쪽으로 밀어버렸다. 그 가운데 뭔가 깨지는 것이 있는 듯 와장창 소리가 났다. 레나는 놀라 움찔했지만 정작 집주인인 다프네는 신경도 쓰지 않았다.

레나는 한숨을 푹 내쉬고는 다프네의 맞은편에 겨우 위태롭게 서 있는 의자에 살짝 걸터앉았다.

꼬르륵~

긴장이 풀리자 텅 빈 뱃속이 요동쳤다. 레나는 너무 크게 울린 소리에 얼굴을 붉혔지만 다프네는 신경도 쓰지 않는 듯 벌떡 일어났다.

"너 배고프구나. 사실 나도 그래. 파티장 음식은 아무리 먹어도 배가 고프다니까. 디오니소스님도 너무하지. 생일 파티를 하면서 고작 과일이랑 포도주밖에 안 주다니 그게 말이 돼? 적어도 사슴 몇 마리는 구워야지."

다프네는 툴툴거리며 레나를 끌고 주방으로 향했다.

집안이 온통 엉망인데 주방이라고 깨끗할 리가 없었다. 선반 위에는 파랗게 곰팡이가 핀 빵들이 쌓여 있고, 바구니 속 과일은 대체 언제부터 방치되어 있는지 쭈글쭈글 말라 있었다. 채소들은 누렇게 시들었고, 가뜩이나 고약한 냄새가 나는 치즈에서는 거의 살인적인 악취가 풀풀 풍겼다. 주방의 위생 상태를 본 순간 레나의 얼굴이 하얗게 변했다.

"헉! 여기서 뭘 먹으면 죽을 것 같은데?"

주방 입구에서 머뭇거리는 레나와 달리 다프네는 망설임 없이 선반에 쌓인 빵 한 덩어리를 덥석 집었다. 그리고는 작은 칼로 거뭇거뭇 곰팡이가 핀 부분을 대충 잘라낸 뒤 레나에게 던졌다.

"자, 먹어."

레나는 얼떨결에 손을 벌려 다프네가 던져준 빵을 받았다. 빵은 돌덩이라고 해도 될 정도로 딱딱했다.

"고, 고맙긴 한데 곰팡이가……."

놀라다 못해 딸꾹질까지 하는 레나와 달리 다프네는 여전히 태평한 얼굴이었다.

"괜찮아, 괜찮아. 먹어도 안 죽어. 심한 건 다 잘라냈잖아. 봐."

다프네는 여기 보라는 듯 바닥에 아무렇게나 흩어진 빵 부스러기를 발끝으로 툭툭 찼다.

"과연 그럴까?"

레나는 울상이 되어 빵을 한 입 베어 물었다.

"윽! 이거 너무 딱딱해."

"그래? 그럼 물에 불려 먹으면 돼. 가만 있자, 물이…… 여기 있네."

다프네는 주방 여기저기를 헤집어놓은 뒤에 물병 하나를 찾아 레나에게 건네주었다.

물병을 받아든 레나는 물을 마시는 대신 그 안을 물끄러미 바라보았다. 물이 반쯤 찬, 아니 반쯤 남은 물병 안에는 이름 모를 날벌레 몇 마리가 빠져 있었다.

레나는 가만히 물병을 내려놓고 말했다.

"다시 생각해 보니 목은 안 마르네. 빵은 조금씩 뜯어 먹을게."

"그럴래? 그럼 그 물은 내가 마셔야겠다."

다프네는 손을 뻗어 물병의 손잡이를 잡았다. 레나는 말릴 수도, 그렇다고 그냥 마시게 둘 수도 없어 발만 동동 굴렀다.

따각따각.

말굽 소리와 마차 바퀴 소리가 난 것은 막 다프네가 물병의 물을 입 안으로 털어 넣으려는 순간이었다. 레나는 이때다 싶어 재빨리 다프네의 손에서 물병을 빼앗았다.

"어머~ 손님이 왔나 봐. 집주인이 이러고 있으면 안 되지. 자, 어서 나가보자."

"윽! 레나, 나 물 한 모금만……."

"손님을 기다리게 하면 안 돼. 누군가의 목숨이 걸린 아주 급한 일일지도 모르잖아."

레나는 다프네의 등을 힘껏 떠밀었다.

"아, 안녕하십니까?"

다프네가 문을 열자 그 앞에는 한 청년이 서 있었다. 긴장한 듯 그의 표정은 어색했고, 온몸은 경직되어 있었다. 하지만 다프네를 바라보는 눈빛만큼은 환하게 반짝였다.

반대로 청년의 얼굴을 확인하자마자 다프네의 얼굴은 있는 대로 일그러졌다.

"세메이온, 내가 분명 다시는 오지 말라고 했을 텐데?"

"무, 물론 기억하고 있습니다. 하지만 오늘은 새로 과일을 딴데다가 마침 요 앞을 지나는 길이라서 잠깐 들렀습니다."

길조차 제대로 나지 않은 이 산속에 다프네의 저택 말고는 다른 집

이라고는 눈을 씻고 봐야 찾을 수 없었다. 당연히 세메이온이라고 자신을 소개한 청년의 말은 거짓이었다.

"지나는 길에 들러? 그게 말이 돼?"

다프네는 기가 막힌다는 듯 콧방귀를 뀌었다. 그리고는 문을 다시 닫으려 했다.

"잠깐!"

바로 그 순간, 레나가 다프네와 세메이온 사이로 뛰어들었다.

다프네는 예상치 못한 레나의 행동에 움찔하며 뒤로 물러섰고, 세메이온 역시 놀란 눈으로 레나를 쳐다보았다.

레나는 날카로운 눈초리로 세메이온을 힐끗 쳐다보았다. 질 좋은 옷에 잘 손질된 머리, 섬세하게 세공된 팔찌를 낀 그는 한눈에 보기에도 화려한 미남이었다. 진우가 신화 속으로 뛰어든 듯한 착각이 들 정도로.

하지만 정작 레나의 눈길을 사로잡은 것은 그의 뒤에 멈춰 있는 마차였다. 포장이 없는 마차에는 세메이온의 말대로 신선한 과일이 잔뜩 담긴 바구니가 수북이 쌓여 있었다. 사과에 오렌지, 포도 등 종류도 다양했다. 과일뿐 아니라 깨끗한 물이 담긴 항아리와 갓 구운 듯 말랑말랑해 보이는 빵, 정갈하게 손질한 치즈에 얇게 저민 햄까지 있었다.

레나는 두 말 않고 세메이온의 손을 턱석 잡아 흔들었다.

"고마워요. 당신이 아니었으면 나 여기서 병 걸릴 뻔했어. 흑!"

주방의 아찔한 위생 상태가 떠올라 레나는 눈물까지 핑 돌았다.

"레나, 너 왜 그래? 당장 그 사람 손 놔. 세메이온, 당신도 저 물건들 가지고 썩 사라져…… 읍!"

버럭 소리를 지르던 다프네의 입을 레나가 급히 틀어막았다.

"야, 너야말로 이러지 말자. 솔직히 너희 집이 집이냐? 돼지우리지. 게다가 그 빵! 그거 먹다가 이 다 부러지겠어. 제발 먹을 것만이라도 받자, 응?"

레나의 눈빛은 간절했고 목소리는 필사적이었다. 다프네는 잠깐 고민을 하다가 한숨을 푹 내쉬었다.

"어쩔 수 없지. 내가 데리고 왔는데 널 여기서 굶어 죽게 할 수는 없으니……."

말은 그렇게 했지만 세메이온을 돌아보는 다프네의 눈빛은 여전히 싸늘했다.

"들었지? 물건만 내려놓고 사라져."

다프네는 말을 마친 뒤 꼴도 보기 싫다는 듯 세메이온에게서 돌아섰다. 옆에 서 있던 레나가 다 무안할 정도로 그녀는 차가웠다.

"야, 전염병의 위협에서 우리를 구한 은인에게 그게 할 소리야?"

다프네에게 한 마디 더 하려는 레나를 세메이온이 말렸다.

"제가 가지고 온 물건들을 받아준 것만으로도 만족합니다. 솔직히 말하자면 이런 일이 처음이라서 좀 떨리기까지 한데요?"

세메이온은 그의 말처럼 환하게 웃고 있었다.

레나는 속으로 혀를 찼다.

'나 참, 이 사람도 참 대책 없이 순정파네. 저렇게 쌀쌀하게 나오는데 뭐가 좋다고.'

레나가 잠깐 다른 생각을 하는 사이 세메이온은 벌써 무거운 물 항아리며 과일 상자들을 마차에서 내리고 있었다.

"제가 안으로 옮겨드리겠습니다."

레나는 폭탄 맞은 듯한 안을 힐끗 돌아보고는 땅이 꺼져라 한숨을 쉬었다.

"그걸 들여놓으려면 먼저 청소부터 해야 할걸요?"

레나의 말에 다프네가 인상을 찌푸렸다.

"청소를 왜 해?"

"집안 꼴을 보면서 그런 말이 나오니? 저런 데서 자면 병 걸려, 병!"

"난 괜찮던데?"

너무나도 태연한 다프네의 말에 레나가 마침내 버럭 소리쳤다.

"너야 요정이니까 괜찮겠지. 하지만 내가 죽는다고, 내가! 부엌에 있는 것들도 그래. 저건 도저히 인간이 못 먹는 거야."

레나의 고함에 다프네는 고개를 끄덕였다.

"흠흠. 부정은 못 하겠네. 음식은 내가 봐도 심하긴 하더라. 하지만 난 정말 청소할 생각 없어. 하고 싶으면 네가 알아서 해."

다프네가 질색을 하자 레나는 재빨리 세메이온 쪽으로 고개를 돌렸다.

"저 넓은 집을 혼자 치울 수는 없고…… 세메이온, 지금 바빠요?"

레나의 눈이 고양이처럼 반짝이자 세메이온은 자기도 모르게 움찔 거렸다.

"바쁘지는 않은데……."

"미안해요. 선물을 가져 온 손님인데 청소까지 시켜서."
"괜찮아요. 오히려 이렇게 다프네님의 집 안까지 들어와서 제가 얼마나 기쁜데요."
세메이온은 상한 치즈며 말라비틀어진 빵 덩어리가 가득 담긴 자루를 치우며 미소 지었다.
세메이온의 도움으로 레나는 집 안을 대강이나마 치울 수 있었다. 하지만 그 때문에 세메이온의 옷은 시커먼 먼지로 엉망이 되어버렸다. 레나의 시선을 느꼈는지 세메이온은 어깨를 으쓱했다.
"옷은 신경 쓰지 마요. 세탁해 줄 시종들은 많으니까."
"오호~ 시종까지? 잘 사시나 봐요?"
레나의 말에 세메이온은 장난스레 한쪽 눈을 찡긋 감았다.
"흠흠~ 제 소개가 늦었군요. 저는 엘레이아의 왕자랍니다."
"헉! 왕자님?!"
레나가 깜짝 놀라 되물었다. 왕자라는 신분을 밝히는 세메이온은 제법 위엄 있어 보이기까지 했다. 레나는 그의 잘생긴 얼굴과 손에 들린 쓰레기 자루를 번갈아보았다.
"그런데 왕자라는 분이 무슨 청소를 그렇게 열심히 하세요?"

"다프네님의 집인데 당연히 열심히 해야죠. 아아, 집 안으로 들여보내주다니 이런 영광이 또 어디 있겠어요?"

세메이온의 말에 레나는 한숨을 푹 쉬며 고개를 설레설레 저었다.

"병이 깊어도 너무 깊다. 아까 보니까 엄청 쌀쌀맞게 대하는데도 다프네가 그렇게 좋아요?"

"첫눈에 반했다고 할까요? 바람처럼 들판을 내달리며 사슴을 사냥하는 다프네님의 우아하면서도 아름다운 모습을 보는 순간 제 마음을 빼앗겼답니다."

그날을 떠올리는 듯 세메이온의 얼굴이 살짝 붉어졌다.

"쯧쯧, 답이 없는 스타일이구나. 아무리 좋아도 그렇지. 왕자님은 자존심도 없어요?"

"사랑에 무슨 자존심이 필요해요? 그런 건 버린 지 오래랍니다."

세메이온이 하도 당당하게 말하는 바람에 질문을 한 레나가 오히려 당황하고 말았다.

레나는 잠깐 말을 잃은 듯 그를 바라보다가 희미하게 웃었다.

"다프네가 부럽네요. 이런 멋진 분의 사랑을 받다니."

짧은 순간 레나의 머릿속으로 한 사람의 얼굴이 스쳐 지나갔다. 하지만 레나는 고개를 저으며 애써 그의 얼굴을 떨쳐냈다.

'만날 수도 없는데 생각하면 뭐해.'

"그런데 아까 얼핏 들었는데 당신은 정말 인간인가요?"

"네. 저 인간 맞아요. 이름은 레나예요. 나이도 저보다 많아 보이는

데 말도 팍팍 놓으시고."

"그럴 수는 없죠. 숙녀에게. 그런데 레나 양은 어쩌다가 다프네님과 함께……."

세메이온은 좋은 대화 상대였다. 그는 레나의 한 마디 한 마디에 귀를 기울였고, 레나의 말이 끊어질 때에는 자신의 이야기를 술술 풀어놓기도 했다. 맞장구도 잘 쳐주고, 가끔은 소리 내어 웃기도 했다. 덕분에 레나는 마치 친한 친구를 만난 듯 디오니소스의 집에서 겪은 일뿐 아니라 신화중학교와 가족에 대한 이야기까지도 세메이온에게 털어놓았다.

한낮에 시작된 청소는 해가 뉘엿뉘엿 질 때쯤에야 마무리되었다. 구석구석 닦아내지는 못했지만 대충 치워내니 제법 사람 사는 집처럼 보였다.

쓸고 닦은 부엌에는 세메이온이 싣고 온 음식들이 가득 찼다. 레나는 빵과 과일, 햄으로 상을 차리고는 세메이온에게 물었다.

"너무 많이 도와주셨는데 식사라도 하고 가실래요?"

"말도 안 돼!"

대답은 세메이온이 아니라 마침 계단을 내려오던 다프네에게서 터져 나왔다.

"청소 때문이라고는 하지만 남자를 내 집에 들인 것도 불쾌한데 한 자리에서 식사까지? 절대 안 돼."

다프네의 눈빛은 단호했고 타협의 여지 따위는 없었다. 레나는 너무나도 날카로운 다프네의 말에 오히려 자신이 무안해졌다.

세메이온이 말했다.

"이렇게 오랫동안 이곳에 머문 것만으로도 기쁩답니다. 그럼 전 이만."

세메이온은 정중하게 인사를 한 뒤 밖으로 나갔다.

다프네는 그가 완전히 나간 뒤에야 식탁에 앉았다.

"으음, 맛있네. 역시 과일은 제철에 먹어야 한다니까."

레나는 아삭아삭 과일을 깨무는 다프네를 보며 눈을 흘겼다.

"세메이온은 그렇게 매정하게 쫓아내 놓고, 그 사람이 가지고 온 건 또 그렇게 맛있게 먹어?"

"그게 뭐가 어때서? 남자는 싫고 과일은 맛있으니까 그렇지."

"헐~ 너도 대박이다. 고맙다는 말이라도 해주지 그랬어? 옆에서 보기 안쓰럽더라. 사람도 좋아 보이고 더구나 널 그렇게 좋아하는데."

"남자가 싫은 걸 어떻게 해? 보기만 해도 짜증나고 불쾌해. 특히 세메이온은 이상하게 더 싫고. 정이 안 가, 정이."

"대체 왜 싫은데? 잘생기고 착하잖아?"

"잘생긴 건 인정. 하지만 착한 건 모르겠어. 세메이온은 어딘지 모르게 좀 어두운 구석이 있단 말이야. 뭐라고 설명할 수 없는. 넌 그런 거 못 느꼈어? 게다가 너무 화려해. 난 그런 스타일은 딱 질색이야."

다프네는 맨손으로 빵을 우걱우걱 뜯어먹으면서 세메이온이 왜 싫은지 설명했다.

참다못한 레나가 버럭 소리쳤다.

"야, 방금 청소했단 말이야. 제발 흘리지 좀 마!"

3장
천덕꾸러기 아폴론

"얼굴 잘생긴데다가 몸매 훌륭해. 신분은 또 어떻고? 무려 제우스의 아들이잖아. 아니, 그걸 떠나서 그냥 내가 대단하지. 태양의 신이라니! 어떤 여자가 안 반하겠어?"

올림포스에서 가장 맑은 호수에 자신을 비춰보는 아폴론의 얼굴에는 자신감이 가득했다. 황금빛으로 구불거리는 머리는 잔뜩 멋을 부려 빗어 넘겼고, 금실로 수를 놓은 붉은 옷은 화려하기 그지없었다. 우람한 팔뚝에는 황금빛 팔찌가, 목에는 붉게 빛나는 보석 목걸이가 걸려 있었다.

아폴론은 마치 카메라 앞에 선 모델처럼 이쪽저쪽으로 돌아서며 흐뭇한 미소를 지었다.

"캬! 완벽해!"

요란한 감탄사로 자신에 대한 찬양을 마무리한 뒤 아폴론은 호숫가에 핀 꽃을 몇 송이 꺾었다. 향기가 진하고 화려한 꽃들이었다.

"흐음, 향기 좋고."

아폴론은 만족한 듯 미소 지었다. 그리고 다음 순간 그는 지상을 향해 몸을 날렸다. 안개처럼 자욱한 구름을 지나자마자 손바닥만 하게 보이던 호수가 순식간에 거대해졌고, 장난감처럼 보이던 집들도 눈 깜빡할 사이 커다래졌다. 귓가에 스치는 바람은 칼날보다 날카로웠다. 말 그대로 아폴론은 추락하고 있었다.

하지만 그의 표정은 편안하기만 했다. 그는 신이었으니 당연한 일이다. 아폴론은 단단한 바위산 꼭대기에 떨어지기 직전 몸을 틀어 바닥에 내려섰다.

쿠웅!

빠른 속도만큼이나 충격도 엄청났다. 산꼭대기에는 단번에 커다란 구덩이가 생겼고, 그 주변은 온통 흙먼지가 자욱했다. 하지만 그 가운데 선 아폴론의 옷에는 먼지 한 톨 묻지 않았다. 심지어 그의 손에 들린 꽃조차 방금 딴 듯 생생했다.

"저긴가?"

아폴론은 후, 입김을 불어 자욱한 흙먼지를 단번에 날려버린 뒤 산 아래쪽을 살피며 중얼거렸다. 그의 시선이 닿은 곳에는 다프네의 새하얀 저택이 있었다.

"올림포스 제일의 수다꾼에게 들은 대로군. 좋았어."

아폴론은 다시 한 번 머리를 쓸어 올리고는 걸음을 옮겼다. 몇 걸음만에 산을 내려온 그는 이내 좁은 오솔길로 접어들었다. 한달음에 다프네에게 달려가려던 아폴론은 그곳에서 발걸음을 멈춰야 했다.

"어이, 앞에 마차! 좀 옆으로 비키지?"

아폴론은 오솔길을 온통 차지한 채 느릿느릿 굴러가는 마차를 향해 외쳤다. 하지만 마차는 빨리 가기는커녕 아폴론의 목소리를 듣자마자 그 자리에 우뚝 멈춰버렸다. 그리고 그렇게 멈춘 마차의 앞자리에 앉아 있던 마부가 풀쩍 뛰어내렸다.

아폴론은 자신을 향해 성큼성큼 걸어오는 청년을 보며 인상을 찌푸렸다. 청년의 옷차림은 산속 오솔길에서 마차를 모는 마부는 절대 입을 수 없는 것이었다. 깨끗한 천에 화려한 장신구, 옷깃에는 작은 꽃까지 꽂혀 있는 그는 오히려 아폴론보다 고귀해 보였다.

"넌 뭐야?"

아폴론은 짜증이 가득 담긴 목소리로 물었다.

"나는 엘레이아의 왕자 세메이온이라고 합니다. 그러는 당신은 누구시오?"

대꾸하는 세메이온의 목소리도 뾰족하기는 마찬가지였다. 머리부터 발끝까지 촌스러울 정도로 화려하게 꾸미고 손에는 꽃다발까지 든 남자가 누군가의 집에 가는 이유는 딱 한가지뿐이었으니까. 여자에게 잘 보이기 위해서. 그리고 이 산속에는 다프네의 저택뿐이었다.

세메이온의 가시 돋친 말투에 아폴론의 얼굴이 와락 일그러졌다.

"고작 왕자라는 신분을 앞세우다니. 잘 듣고 놀라 기절하지나 마라. 나는 태양의 신 아폴론님이시다. 다프네를 만나러 가는 길이니 어서 저 마차나 치워."

세메이온은 아폴론이라는 그의 이름에 잠깐 경악하는가 싶었지만 순순히 물러서지는 않았다.

세메이온은 오히려 조금 전보다 더 도발적이고 까칠한 목소리로 물었다.

"위대하신 아폴론님이 다프네님의 집에는 무슨 일로 가시는지요?"

"뭐, 뭐야?"

아폴론이 처음 느낀 감정은 당혹감이었다. 인간이라면 마땅히 자신의 이름을 듣는 순간 바닥에 엎드려 경외감을 보여야 했다. 지금까지 마주했던 모든 인간들이 그래왔다. 그런데 바로 지금 볼품없는 오솔길에서 마주친 인간은 존경심을 보이기는커녕 그를 마치 철천지원수 보듯이 노려보고 있었다.

'아, 그러고 보니 한 사람 더 있네. 나와 에로스를 헷갈렸던 그 건방진 여자애.'

잠시 다른 생각을 하던 아폴론의 시선이 다시 세메이온에게로 향했다. 당혹감 뒤에 아폴론이 느낀 감정은 당연히 분노였다.

"너에게 내가 그걸 대답할 필요는 없을 텐데?"

세메이온을 노려보는 아폴론의 눈동자에 진한 황금빛 기운이 돌았다. 그의 온몸에서 뿜어지는 적의는 인간이 견디기 힘든 것이었다.

세메이온은 몸이 떨려오자 입술을 질끈 깨물었다. 하지만 옆으로 비켜서지도 않았다.

"다프네님에게 가려는 이유를 말하시죠. 좋지 않은 의도라면 비켜설 수 없습니다."

"너야말로 죽기 싫으면 비켜. 나 지금 엄청나게 봐주고 있는 거야."

세메이온과 아폴론은 오솔길 한 가운데 이마를 맞붙이듯 가까이 서서 서로를 노려보았다. 둘의 눈빛에 담긴 감정은 질투였다.

'설마 다프네가 이 얼굴만 번드르르한 왕자 녀석하고 친하게 지내는 건 아니겠지?'

'제우스의 아들이라니! 설마 다프네님이 벌써 이 녀석에게 반한 건 아니겠지?'

"너희들은 참 안 변한다."

며칠째 집안일이라고는 손가락도 까딱 안 하는 다프네를 대신해 청소와 빨래에 시달리던 레나는 오늘도 물통을 들고 터덜터덜 샘가를 향해 걷고 있었다. 샘가는 오솔길 옆에 있었고, 당연히 오솔길 한가운데서 서로 으르렁거리는 아폴론과 세메이온을 발견하게 되었다.

"어떻게 학교에서나 신화 속에서나 변하지를 않니. 쟤들 덕분에 이 곳이 전혀 낯설지가 않다. 참 한결같다니까."

레나는 일부러 물통을 달그락거리며 두 사람을 향해 다가갔다. 레나가 코앞까지 다가와 멈춰서는 동안에도 아폴론과 세메이온은 서로를 노려보고 있었다.

"둘 다 눈싸움은 그만 좀 하시죠?"

레나의 말에 아폴론과 세메이온은 그제야 못이기는 척 시선을 돌렸다.

"레나 양, 물 길러 가는 거면 갈 필요 없어요. 마차에 깨끗한 물을 잔뜩 싣고 왔으니까요."

세메이온의 말에 레나는 반색을 했다.

"정말요? 역시 왕자님뿐이라니까요."

그제야 아폴론도 시선을 레나에게 돌렸다. 그리고 깜짝 놀라 외쳤다.

"앗! 너는 디오니소스의 생일날 봤던 그 인간! 나 기억 안 나?"

레나는 당연히 아폴론을 기억하고 있었다.

"당연히 기억나죠. 초면에 저를 냅다 물에 던져버린 사람은 좀처럼 잊기 힘든 법이니까요."

레나의 말에 아폴론은 변명처럼 웅얼거렸다.

"야! 그, 그거야 네가 인간인 줄 몰랐으니까 그랬던 거지. 알았으면 좀 살살……."

"살살 뭐요? 살살 던지시겠다?"

"아, 아니 그게 아니라…… 에잇! 지나간 얘기는 이쯤에서 그만 하기로 하고 넌 또 왜 여기 있는 건데?"

아폴론은 손을 휘휘 흔들어 제멋대로 대화 주제를 바꾸었다. 레나는 기가 막힌 듯 짧은 한숨을 내쉬었다. 아무리 따져봐야 아폴론에게 사과를 듣는 건 불가능해 보였다.

"다프네가 구해준 그날부터 같이 지내기로 했어요. 제가 이 동네에 아는 사람이 없거든요."

레나는 길게 얘기하기도 싫다는 듯 짧게 대꾸하고는 세메이온의 마차 위에 훌쩍 올라탔다.

"왕자님, 가요."

세메이온 역시 아폴론과 할 얘기가 없기는 마찬가지였다.

"그럴까요?"

레나가 자리를 잡자 세메이온은 마부석에 올라 천천히 말을 몰았다. 멈췄던 마차는 다시 좁은 오솔길을 따라 달렸다.

뒤에 남겨진 아폴론은 감히 인간들에게 버림받았다는 현실이 믿기지 않는 듯 멍한 표정으로 서 있다 퍼뜩 정신을 차리고 외쳤다.
"어라? 저 인간들이 진짜! 야! 같이 가!"

"사랑스러운 다프네! 내가 왔소! 그 아름다운 모습을 보여주시오!"
아폴론은 다프네의 저택 앞에 도착하자마자 텅 빈 테라스를 향해 우렁찬 목소리로 외쳤다.
레나는 자기도 모르게 부르르 떨었다.
"우엑~ 저게 웬 느끼한 짓이래? 지가 무슨 로미오라도 되는 줄 아는 모양이야. 사랑스러운 다프네라니."
세메이온이 말했다.
"다프네님이 아름다운 건 사실이죠. 찬양받아 마땅한……."
"으악! 왕자님까지 이러지 마세요. 손발이 오그라든단 말이에요. 다리미도 없는 이 시대에 난 어쩌라는 거예요?"
레나와 세메이온이 대화를 나누는 사이에도 아폴론의 간질간질한 외침은 계속되었다. 하지만 집 안에서는 아무 대꾸도 없었다. 아니, 아예 인기척 자체가 없었다.
참다못한 아폴론이 레나를 휙 돌아보았다.
"야, 인간! 다프네 집에 없어?"
"일찍도 물어보십니다. 집이 떠나가라 불러냈는데도 대답 안 하는 거 보면 몰라요?"
레나의 대답에 아폴론은 버럭 화를 냈다.

"그걸 왜 지금 말해?"

레나도 지지 않고 외쳤다.

"언제 나한테 물어봤어요?"

"아오, 저게 정말! 그걸 말이라고 하냐? 다프네가 집에 없으면 없다고 재깍재깍 말을 했어야지. 그럼 여기까지 안 왔잖아!"

아폴론은 정말 화가 났는지 머리 위로 하얀 연기까지 풀풀 냈다. 하지만 고작 그런 것에 겁을 먹기에는 레나가 그동안 겪은 일들이 너무 많았다.

레나는 씩씩거리는 아폴론을 본 체 만 체하고는 세메이온을 향해 돌아섰다.

"어머, 이번에도 마차 한가득이네요. 정말 매번 고마워요. 전에 주셨던 과일은 다프네가 정말 맛있게 먹었어요."

"그럼 다행이고요. 다프네님은 사냥을 가셨나 봐요."

"새벽에 비 그치자마자 잽싸게 나가더라고요."

"사냥? 어디로? 누구랑?"

레나와 세메이온의 대화에 아폴론이 불쑥 끼어들었다. 세메이온 역시 레나의 대답을 들으려 입을 꾹 닫았다. 마치 짠 듯 똑같은 얼굴을 하는 둘을 보며 레나는 약간 서운함을 느꼈다. 마치 자신은 투명 인간이라도 된 듯한 기분이었다.

하지만 레나는 고개를 휘휘 흔들어 그런 감정을 숨겼다. 그리고 다시 둘과 눈을 마주한 레나의 눈이 장난스럽게 반짝였다.

"설마 그 중요한 정보를 맨입으로 얻으려는 거예요?"

생각지도 못했던 레나의 말에 아폴론과 세메이온이 동시에 입을 쩍 벌렸다.

아폴론이 부들부들 떠는 손가락으로 레나를 가리켰다.

"너, 인간…… 감히 이 아폴론님에게 불경하게 거래를 제안하는 건 아니겠지?"

아폴론의 말이 끝나기도 전에 세메이온이 재빨리 외쳤다.

"아차차! 내 정신 좀 봐. 이 무거운 걸 레나 양이 어떻게 옮긴다고 멍하니 서 있었지? 과일부터 안으로 옮길까요?"

세메이온은 레나가 고개를 끄덕이기도 전에 커다란 과일 바구니를 들고 집 안으로 들어갔다.

뒤에 남은 레나가 아폴론에게 삐딱한 시선을 던졌다.

"뭐하세요? 설마 나처럼 연약한 인간에게 저 커다랗고 무거운 물 항아리를 들으라는 건 아니겠죠? 가뜩이나 허약한데 물에 빠진 뒤로는 도통 힘을 쓸 수가 없지 뭐예요. 누구 덕분에 물에 빠져서 며칠 동안 고생을 말도 못 하게 한 인간이라고요, 내가. 아이고, 허리야."

레나의 의도는 명백했다. 자신을 던진 데 대한 앙갚음. 아폴론이 믿어지지 않는다는 얼굴로 레나와 마차에 실린 짐을 번갈아 보았다.

"설마 이걸 나더러 옮기라고?"

"다프네가 친절한 남자를 좋아하더라고요. 자상한 남자는 모든 여자들이 꿈꾸는 이상형 아니겠어요? 그러고 보니 세메이온이 좀 많이 자상하긴 하더라."

 아폴론은 하얗게 질린 얼굴로 한참을 망설이다가 땅이 꺼져라 한숨을 내쉬었다. 그리고는 끙 소리와 함께 마차 짐칸을 통째로 들어 올렸다.

 "흥! 나를 고작 인간 따위와 비교하다니. 까짓것 내가 한 번에 옮겨 주마. 대신 딴소리하면 넌 국물도 없어!"

 레나는 이를 뿌득뿌득 갈며 집 안으로 들어가는 아폴론의 뒷모습을 보고 소리 없는 웃음을 터뜨렸다

 "크크크. 아으, 고소하다. 그러게 누가 못되게 굴래?"

 마침 밖으로 나오던 세메이온이 걱정스레 물었다.

 "레나 양, 아폴론님은 강력한 신이에요. 저렇게 골탕을 먹이다가 벌이라도 받으면 어쩌려고 이래요?"

 "걱정 마세요."

 이상하게도 레나는 아폴론이 자신을 다치게 하지 않을 것이라는 확신이 들었다. 레나는 힐끗 아폴론이 들어간 쪽을 본 뒤 세메이온에게 속삭였다.

 "다프네는 달의 계곡으로 갔어요."

 "달의 계곡?"

 "쉬잇! 아폴론이 듣겠어요. 새벽 일찍 갔으니 어서 뒤쫓아 가요."

 레나가 세메이온에게만 다프네의 행선지를 알려준 이유는 아폴론이 얄밉기도 했지만 그보다는 다프네의 온갖 구박에도 그녀만을 바

라보는 세메이온이 가여워서였다. 그래서 그에게 한 번이라도 제대로 된 기회를 주고 싶었다.

'아폴론은 신이잖아. 세메이온이 그와 제대로 된 경쟁이 될 리가 없지. 따지고 보면 아폴론이 신이란 자체가 엄청난 반칙이라고.'

세메이온은 등까지 떠미는 레나에게 거듭 고맙다는 말을 한 뒤 마차를 끌고 왔던 말 등 위로 가볍게 올라탔다. 그가 고삐를 당기자 말은 날듯이 빠르게 오솔길로 멀어져 갔다.

"어라? 그 재수 없게 생긴 왕자 녀석 어디 갔어?"

잠시 후, 먼지 묻은 손을 탈탈 털며 아폴론이 나왔다. 레나는 자기는 모르는 일이라는 듯 어깨를 으쓱했다.

"먼저 갔어요. 급한 일이 있나 봐요."

"쯧쯧, 여기까지 와서 그냥 갔다고? 인간들은 이래서 안 돼. 끈기가 없다니까."

아폴론은 짐짓 혀까지 끌끌 차며 레나 앞에 멈춰 섰다.

"자, 이제 말해 봐. 다프네는 지금 어디 있어?"

하지만 레나는 이번에도 딴청을 피웠다.

"어머, 집이 이렇게 더러웠나? 산속에 있어서 그런지 아주 먼지가 수북이 쌓이네, 쌓여. 누가 청소 좀 해줬으면 좋겠는데."

"뭐, 뭐라고?"

"팔목도 시큰거리고 무릎도 쑤시는 게 걸레질은 힘들 것 같은데……"

말꼬리를 흐리며 레나는 아폴론을 돌아보았다. 아폴론은 이 상황이 믿어지지 않는다는 듯 파랗게 질린 얼굴로 입만 뻐끔거릴 뿐이었다.

"너 지금, 그러니까…… 나한테……."

이때다 싶어 레나는 마지막 일격을 날렸다.

"아참, 도시락도 싸야 하는구나. 불쌍한 다프네, 아침도 안 먹었는데 벌써 점심때네요. 얼마나 배가 고플까. 샐러드하고 샌드위치 정도면 될 것 같은데. 다행인 게 여기 채소는 다 유기농이라는 거죠. 생각만 해도 맛있겠죠?"

레나의 한 마디에 결국 아폴론은 참고 참았던 분노의 고함을 질렀다.

"이 건방진 인간아! 그걸 말이라고 해? 내가 처, 청소 같은 하찮은 걸 할 것 같아!"

"빡빡 좀 닦아요. 힘이 그거밖에 없어요?"

"닦고 있잖아."

"아니, 거기 말고 벽과 기둥 사이 구석이요, 구석. 먼지가 거기에 쌓인다니까. 벽 장식에 쌓인 먼지도 털고. 천장에 쌓인 저 찌든 때도 닦을 수 있으세요? 그건 좀 힘드나?"

아폴론은 부글부글 끓는 속을 가까스로 삭이며 폭풍처럼 걸레를 휘둘렀다. 애초에 태양을 관장하는 그의 능력은 청소와 거리가 멀었고, 그래서 결국 그는 물이 뚝뚝 떨어지는 걸레를 들고 직접 바닥을 박박 닦아야 했다.

"으악! 또야?"

울컥울컥 화가 치밀어 오르면 그의 손에 들린 걸레는 순식간에 숯덩이가 되었다. 그리고 레나는 그럴 때마다 잔소리와 함께 새 걸레를 건네주었다.

"무슨 신이 자기 힘도 조절을 못 해요? 자요, 이번엔 잘 좀 해봐요. 여기만 닦으면 끝이에요."

"아오, 저 인간 진짜! 내가 정말 다프네를 만나야 해서 일단 하긴 하는데…… 청소 끝나고도 딴소리하면 정말 죽는다."

거의 잡아먹을 듯 노려보는 아폴론의 살벌한 눈초리에 이번에는 레나도 움찔할 수밖에 없었다.

'요리는 아무래도 내가 해야겠다.'

레나가 슬그머니 부엌에서 달그락달그락 요리를 하고 있자 청소를 끝낸 아폴론 역시 부엌으로 들어왔다. 무려 태양의 신이라는 그의 얼굴에는 반나절의 가사 노동으로 다크서클이 내려앉아 있었다.

"아으, 힘들어. 인간, 먹을 것 좀 내놔."

"인간 아니고 레나거든요."

레나는 세메이온이 챙겨온 햄과 채소를 섞어 그릇에 담아 아폴론에게 내주었다.

"이거 뭔데? 왜 고기랑 채소를 같이 먹어?"

"무식하긴. 샐러드도 몰라요?"

말을 한 뒤 레나는 자신이 너무 심했나 싶어 힐끗 아폴론을 쳐다보았다. 하지만 걱정과는 달리 아폴론은 순순히 고개를 끄덕였다.

"흐음, 이게 요즘 인간들 사이에 유행하는 거야? 나도 공부 좀 해야겠네. 인간들은 잘 모르지만 신은 태어나자마자 암브로시아라는 음료를 마시고 어른이 되거든. 그때 능력과 함께 지식도 함께 주어지는데 그 지식이라는 게 인간은 상상도 못할 정도로 방대해. 그런데 이 샐러드란 건 나도 처음 들어본단 말이지. 음~ 이거 보기엔 무지 허술한데 맛있네. 더 줘 봐."

우물거리며 순식간에 수북이 쌓인 샐러드를 바닥내는 아폴론에게 레나가 버럭 소리를 쳤다.

"그걸 다 먹으면 어떻게 해요? 그거 다프네한테 갖다 줄 거였단 말이에요."

"더 만들면 되잖아. 먹는 거 가지고 치사하게. 아, 맞다. 다프네는 지금 어딨어?"

아폴론은 여기까지 온 이유를 뒤늦게 기억하고는 외쳤다.

"다프네는 달의 계곡에 갔어요. 거기 동물이 많다나 뭐라나."

"달의 계곡?"

다프네의 행방을 듣자마자 저택을 뛰어 나갈 듯하던 아폴론은 달의 계곡이라는 말에 잠깐 생각에 잠겼다.

"어딘지 모르죠? 청소도 해주고 짐도 날라줬으니까 내가 특별히 선심 썼다. 다프네가 그랬는데 여기서 북쪽으로 쭉 가면 나오는 협곡이 달의 계곡이래요. 모양이 초승달 같이 생겼나 봐요. 엄청 길고 좁은 협곡인데 산짐승들이 많아서 사냥꾼들이 많이 온다던데요. 세메이온은 아까 출발했으니까 지금쯤 도착했을 거예요."

레나의 말에도 아폴론은 좀처럼 움직일 생각을 하지 않았다. 그는 아예 턱까지 괴고는 중얼거렸다.

"달의 계곡이라…… 어디서 들어봤는데."

세메이온은 오솔길을 벗어나자마자 전속력으로 말을 달렸다. 북쪽으로 한참을 달린 그의 앞에 기이하게 생긴 협곡이 나타났다. 마치 붉은 꽃잎을 갈아 넣은 듯 새빨간 절벽 사이로 아슬아슬하게 이어진 협곡이 바로 달의 계곡이었다.

달의 계곡은 지형이 험하고 수풀이 울창한 덕분에 산양이나 호랑이, 멧돼지, 사슴 같은 산짐승들이 많았다.

세메이온은 잠시 숨을 고르고는 협곡으로 들어섰다. 한낮인데도 협곡 안은 어두컴컴했다. 세메이온은 천천히 말을 몰아 협곡 이곳저곳을 둘러보았다.

"얘기를 듣지 않았다면 못 찾아왔겠는데? 레나에게 고맙다고 해야겠군."

곧 다프네를 찾을 수 있을 거란 생각에 세메이온은 얼굴 가득 미소를 지었다. 하지만 그 표정은 얼마 지나지 않아 당혹감으로 바뀌었다.

"분명 여기라고 했는데……."

협곡 안은 동물들 뿐 사람의 그림자라고는 보이지 않았다. 물론 다프네도 없었다.

"대체 어디에 있는 거야?"

"달의 계곡!"

세메이온이 망연자실하고 있는 시간, 다프네의 부엌에 앉아 있던 아폴론은 뭔가를 떠올린 듯 버럭 소리쳤다.

레나가 말했다.

"그러니까 아까부터 거기라고 말했잖아요."

아폴론은 여전히 일어날 생각은 하지 않고 또 물었다.

"다프네가 거기 혼자 갔어?"

"그야 당연히 혼자……가 아니구나."

곰곰이 생각하던 레나가 문득 말했다.

"새벽에 찾아온 어떤 여신이랑 같이 나갔어요. 잠결이라 기억은 안 나는데 지금 생각해 보니까 금발이며 싸가지 없…… 아니, 도도한 눈빛이 당신하고 닮았던 것 같아요. 둘이 엄청 친해 보이던데."

레나의 말에 아폴론은 그제야 환하게 웃으며 자리에서 일어났다. 그리고는 레나를 향해 씨익 웃었다.

"이제 다프네를 만나러 갈까?"

레나는 보자기에 싼 빵과 과일을 아폴론에게 내밀었다.

"가는 길에 이것도 좀 가져다줄래요? 당신 것도 만들었으니까 나눠 먹고."

레나의 말에 아폴론은 보따리를 받는 대신 씨익 웃으며 레나의 어깨를 덥석 잡았다.

당황한 레나가 얼떨떨한 표정으로 그를 보았다.

"왜……."

"왜긴. 너도 같이 가야지."

아폴론의 눈빛은 조금 전 레나가 그의 손에 걸레를 쥐어주었을 때의 바로 그 눈빛이었다.

복수심으로 반짝거리는 그의 눈을 보며 레나는 불안한 얼굴로 손을 뺐다.

"굳이 그럴 필요까지야……."

하지만 레나는 아폴론에게 잡힌 채 꼼짝도 하지 못했다. 아폴론이 히죽 웃었다.

"어딜 빼려고 이러나? 이렇게 정성스럽게 도시락도 쌌는데 너도 가서 맛있게 먹어야지. 그런데 그 달의 계곡이 좀 멀거든?"

"멀다니…… 얼마나요?"

"엄청 멀어. 그래서 내가 좀 빨리 뛸 거니까 꽉 잡아야 할 거야."

아폴론의 말에 문득 어떤 기억이 떠오른 레나가 비명처럼 외쳤다.

"시, 싫어요. 나 안 갈래."

하지만 이미 레나의 몸은 허공으로 붕 떠올라 짐짝처럼 아폴론의 어깨 위에 척 걸쳐진 뒤였다.

"꽉 잡아!"

아폴론은 짧게 외치고는 달리기 시작했다. 아니, 아예 날았다.
"으아아아아아악!"
아폴론이 지나간 뒤로 남는 것은 레나의 처절한 비명뿐이었다.

아폴론은 그가 장담했던 것처럼 빨랐다. 쏜살처럼 단번에 산을 넘고 강을 건너는 그는 유쾌한 듯 간간히 웃음까지 터뜨렸다.
하지만 그의 어깨에 거꾸로 매달린 레나는 딱 죽을 맛이었다. 칼날 같은 바람에 머리카락은 사방으로 날렸고, 빠른 속도감에 눈앞은 핑핑 돌았다.
"사람 살려! 나 좀 내려줘!"
레나는 필사적으로 아폴론의 옷자락을 움켜잡으며 비명을 질렀다. 하지만 이상하게도 레나가 비명을 지르면 지를수록 아폴론의 속도는 줄어들기는커녕 더욱 빨라졌다.
"으아아악! 아폴론 이 망할 녀석아! 멈추라고!"
레나의 외마디 비명에 마침내 아폴론이 우뚝 멈췄다.
"도착했다."
그곳은 아폴론의 쌍둥이 여동생 아르테미스의 사냥터였다. 아르테미스는 사냥과 달의 여신이고, 그녀가 머무는 이곳이 바로 달의 계곡인 것이다. 초록의 잎과 아름다운 꽃들, 맑고 깨끗한 폭포가 흐르는 계곡은 울창했고 또 아름다웠다.
"여기가 바로 달의 계곡이지. 초대를 받지 않은 인간은 절대 들어올

수 없는 곳이기도 하고. 당연히 그 뺀질뺀질한 왕자는 절대 못 오는 곳이라 이거야."

아폴론은 레나를 내려놓으며 껄껄 웃었다. 혼자 서 있기 힘든 듯 레나는 아폴론의 팔뚝에 매달리다시피 했다.

"어지러워…… 우욱! 속 울렁거려……."

아폴론의 웃음소리는 요란했고, 마침 가까운 곳에서 사냥을 하고 있던 아르테미스와 다프네 역시 그의 웃음소리를 들을 수 있었다.

"오빠 목소리잖아? 여기 웬일이지?"

다프네 역시 의아하긴 마찬가지였다. 아폴론의 웃음소리에 섞여 들린 비명 소리는 분명 레나의 목소리였기 때문이다.

"설마……."

둘은 한 걸음에 언덕을 달려 올라왔다.

"정말 오빠네?"

"정말 레나잖아?"

어리둥절해하는 둘을 발견한 아폴론은 반갑게 손을 흔들었다.

"역시 여기였네. 동생한테 물어보면 될 걸 괜히 이 인간 때문에."

아폴론이 힐끗 자신에게 기대듯 서 있는 레나를 노려보았다. 이상하게도 레나의 얼굴은 노랗게 물들어 있었다.

"어이, 인간 너 얼굴이 어째……."

"우욱!"

아폴론의 말이 끝나기도 전에 레나의 입에서 듣기 거북한 소리가 났다. 그와 동시에 아폴론과 아르테미스, 다프네의 얼굴은 파랗게 변했다.

아르테미스가 눈을 휘둥그렇게 뜨며 중얼거렸다.

"저 인간 지금……."

다프네 역시 너무 놀라 말까지 더듬었다.

"레나야, 그분은 아폴론님이야! 신이라구!"

아폴론은 뜨끈뜨끈해진 자신의 가슴과 레나의 얼굴을 번갈아 바라보다가 절규했다.

"이 인간이…… 넌 죽었어!"

4장
다프네의 마음을 잡아라!

"믿을 수가 없어."

"미안해요."

"미안? 이게 미안으로 끝날 일이야? 아니 어떻게 나한테 감히…… 감히!"

아폴론은 차마 입에 올리기도 싫다는 듯 두 주먹을 불끈 쥐었다. 그 옆에 서 있던 레나는 죄인처럼 고개를 푹 숙였다.

"미안하다니까요."

거듭되는 레나의 사과에도 아폴론의 화는 풀릴 줄을 몰랐다.

"나 아폴론이다, 인간. 그렇고 그런 변변치 않은 신이 아니라 무려 제우스의 아들이라고. 태양의 신! 그런데 어떻게 나한테 그런…… 더럽고 흉악무도한 짓을……!"

"그러니까 내가 안 온다고 했잖아요. 난 멀미에 좀 약하단 말이에요."

변명처럼 웅얼거리는 레나의 말에 아폴론은 긴 한숨을 쉬었다. 이미 옷은 강물에 빨았고, 그의 열기로 바삭바삭할 정도로 말랐지만 여전히 조금 전의 불쾌한 느낌은 생생했다.

"아무리 그래도 그렇지! 넌 신에 대한 존경심도 없어?"

"너무 억울해 하지 마요. 당신 말고도 나한테 당한 신이 또 있거든요."

레나 딴에는 분위기 좀 바꿔 보겠다고 던진 말이었지만 결과는 레나의 의도와는 전혀 달랐다. 레나의 말에 이번에는 아폴론은 물론이고 아르테미스와 다프네까지 입을 쩍 벌렸다.

"우와! 너 참 대단하다. 그걸 자랑이라고 늘어놓니?"

"그래, 그 첫 번째 치욕을 누린 신이 누구…… 아니, 알고 싶지도 않다."

다프네는 궁금하다는 듯 묻다가 이내 손을 저었다.

셋의 찌를 듯한 시선에 주눅이 든 레나는 문득 자기가 들고 있는 보자기를 불쑥 앞으로 내밀었다.

"아차, 배고플까 봐 싸온 건데 먹을래?"

나름대로 화해를 위한 행동이었지만 돌아온 반응은 과격했다.

"레나, 지금 그게 넘어가겠니?"

"너 지금 나 약 올리는 거지? 너 당장 이리 와!"

"오빠, 참아. 쟤 인간이란 말이야. 오빠가 때리면 죽는다고."

결국 레나는 아직도 옷에서 쾌쾌한 냄새가 나는 것 같다며 다시 한 번 화가 폭발한 아폴론이 벗어던진 옷을 또 빨아야만 했다.

"어휴, 내 팔자야. 오나가나 고생문이 활짝 열렸구나."

맑은 물가에 앉아 빨래를 두드리는 레나의 넋두리에 아폴론이 잔소리를 늘어놓았다.

"깨끗하게 빨아, 깨끗하게. 팔뚝도 튼튼해 보이는데 팡팡 두드리란 말이야."

"이미 깨끗하다고요. 봐요. 잡티 하나 없구만."

"나도 깨끗한 건 알아. 그래도 감정적으로 용서가 안 되니까 계속 두드리고 비벼."

"치사해. 설마 지금 아까 청소시킨 복수하는 거예요?"

"야, 내가 그런 유치한 짓을 왜 해? 나 그렇게 한가하지 않다."

아니라고 부정은 했지만 레나의 말대로 아폴론은 청소를 시킨 벌에 대한 복수를 하고 있는 게 맞았다. 툴툴거리는 레나의 뒷모습을 보며 아폴론은 약간 통쾌하기까지 했다.

굳이 강가까지 쫓아가 레나와 티격태격하는 아폴론을 보며 아르테미스는 고개를 갸웃거렸다.

"이상한 인간이네."

다프네가 고개를 끄덕였다.

"재밌는 애예요. 신들의 파티장 한가운데 갑자기 나타난 것도 그렇고, 내가 요정이라는 걸 알면서도 잔소리를 퍼붓고, 또 아폴론님에게…… 푸흡!"

다프네는 결국 아까부터 참고 있던 웃음을 터뜨렸다.

다프네의 마음을 잡아라!

아르테미스 역시 큭큭거리며 소리 죽여 웃었다. 그러다가 문득 한 가지 사실을 깨닫고는 눈을 동그랗게 떴다.

"다프네, 네가 남자를 보고 웃는 거 처음 봐."

다프네는 아르테미스의 말에 자신도 신기한 듯 웃음을 멈추었다. 그러고는 쑥스러운 듯 헛기침을 했다.

"흠흠, 아닙니다, 아르테미스님. 전 레나를 보고 웃은 거라고요."

다프네의 말에 아르테미스는 순순히 고개를 끄덕였다. 하지만 여전히 알 듯 모를 듯한 미소를 지으며 한마디 덧붙였다.

"그래도 혹시 모르니까 오빠랑 자리 한번 마련해줘? 우리 오빠지만 괜찮다니까. 좀 건방지게 굴긴 하지만 얼굴 잘생겼지, 능력 있지, 또 재밌고."

"아르테미스님!"

결국 참다못한 다프네가 빽 소리를 쳤다. 아르테미스는 그제야 장난기 가득한 미소를 지우고는 레나를 향해 외쳤다.

"야, 인간! 밥해라. 배고파!"

무려 달의 여신이라는 아르테미스의 집은 놀랍게도 다 쓰러져가는 오두막이었다.

"헐, 대박. 진짜 여기 살아요?"

"그, 그게…… 내 신전은 따로 있어. 여긴 사냥할 때만 쓰는 데야."

레나의 시선에서 약간의 동정이 느껴지자 아르테미스는 서둘러 변명처럼 대꾸했다. 그러고는 속으로 중얼거렸다.

'내가 왜 변명을 하는 거야?'

오두막 안은 바깥보다 더했다. 화살이며 그물, 밧줄 등 사냥에 쓰이는 도구들로 바닥은 발 디딜 틈이 없었고, 이름 모를 동물들의 털과 깃털이 마치 먼지처럼 떠다녔다. 레나는 길게 한숨을 쉬고는 아르테미스와 다프네를 돌아보았다.

"둘이 왜 친한지 알겠네요. 여기서 뭘 해 먹는 건 불가능하겠어요."

레나의 말에 아폴론은 이때다 싶어 외쳤다.

"그럼 내 신전으로 가자."

아폴론의 신전은 이 계곡에서 무척 가까웠다. 물론 깨끗한 것은 말할 필요도 없었다.

"나는 찬성!"

아르테미스는 두 손을 번쩍 들었다.

"나도 갈래요."

사고를 친 뒤 뱃속이 텅 빈 레나 역시 열심히 고개를 끄덕였다. 하지만 다프네는 슬쩍 한 발짝 물러섰다.

"전 이만 돌아가겠습니다."

아폴론은 다프네의 말에 서운함을 숨기지 않았다. 정작 그가 초대하고 싶었던 것은 다프네였으므로.

아폴론보다 더 서운한 표정을 지은 것은 레나였다.

"다프네, 나 정말 배고픈데……."

다프네는 그런 레나를 보며 씽긋 웃었다.

"집까지 다시 돌아가려면 빈속이 나을걸?"

"헉! 설마 너!"

지저분하고 털털한데다가 덜렁대는 바람에 잊고 있던 사실, 즉 다프네가 비록 신은 아니지만 인간보다 월등한 능력을 가진 요정이라는 사실을 떠올린 레나의 얼굴이 하얗게 질렸다.

"절대 싫어! 사람 살려!"

다프네는 질색을 하는 레나의 팔을 꽉 움켜잡았다. 그리고 히죽 웃었다.

"걱정 마. 말 타고 갈 거니까."

다프네는 아폴론이 했던 것처럼 집까지 단숨에 달려갈 수는 없었다. 그것도 레나까지 데리고.

다프네가 끌고 온 말은 하얀 암말이었다. 레나는 울며 겨자 먹기로 다프네의 뒤에 걸터앉아 그녀의 허리를 꽉 잡았다.

"이럇!"

다프네가 박차를 가하자 말은 빠른 속도로 달렸다. 그리고 레나는 말 타기 역시 자신에게 쉽지 않은 일이란 사실을 깨달았다.

"으악!"

"철벽도 저런 철벽이 없다니까."

순식간에 멀어진 다프네의 뒷모습을 보는 아폴론에게 아르테미스가 말했다. 아폴론의 얼굴은 서운함으로 가득했다.

이런 기회를 그냥 날릴 아르테미스가 아니었다.

"그러고 보니 오빠 지금 차인 거네? 어머나, 불쌍해라."

아폴론은 버럭 소리쳤다.

"차인 거 아니거든? 나처럼 잘생긴 신이 한 방에 차이는 거 봤어? 원래 연애가 이런 거야. 밀고 당기고. 다프네가 보기보다 수줍음이 많구만, 뭐."

자신만만한 아폴론과 달리 아르테미스는 콧방귀를 뀌었다.

"오빠, 다프네는 수줍음이라는 말도 못 들어봤을 애야."

하지만 아폴론은 조금도 흔들리지 않았다.

"으하하하! 나는 포기를 모르는 남자다, 동생아. 두고 봐. 반드시 다프네와 결혼할 거야."

아폴론의 활활 불타오르는 의욕은 확고해 보였다. 아르테미스는 고개를 흔들었다.

"난공불락 다프네 말고 아까 그 인간 여자애를 사귀어 보는 건 어때? 귀엽고 재밌던데."

아르테미스의 말에 아폴론이 펄쩍 뛰었다.

"그런 말은 농담으로라도 하지 마라. 걔가 어딜 봐서 귀여워?"

아폴론은 생각만 해도 끔찍하다는 듯 진저리를 쳤다. 그의 격한 반응에 아르테미스는 재밌다는 듯 깔깔거렸다.

"오빠가 이러는 거 처음 봐."

다프네의 마음을 잡아라!　　　　　　　　　　　　　　　　101

아폴론은 계속 얄밉게 구는 아르테미스를 휙 째려본 뒤 급히 자리를 떠났다. 그마저 떠난 뒤 홀로 남은 아르테미스는 슬쩍 입 꼬리를 올리며 혼잣말처럼 속삭였다.
"농담 아닌데. 묘하게 잘 어울렸단 말이야."

집으로 돌아오자 해는 뉘엿뉘엿 지평선 너머로 사라졌다. 짙은 주홍빛 노을이 사방으로 번져 저택 주변은 온통 붉은 빛이었다. 병풍처럼 저택의 뒤쪽을 감싼 산속에는 벌써 밤이 내렸고, 밤새들은 분주히 사냥을 위한 날갯짓을 했다.
안타깝게도 레나는 그 아름다운 풍경을 감상할 여유가 없었다. 아폴론에게 짐짝처럼 실려 갈 때만큼은 아니지만 말 등에 앉아 있는 일 역시 힘들기는 마찬가지였기 때문이다.
술에 취한 사람처럼 비틀거리며 말에서 내리는 레나를 보며 다프네가 웃었다.
"괜찮아?"
"전혀 안 괜찮아. 나 멀미 심하단 말이야. 아우, 어지러워."
레나가 끙끙거리며 집으로 들어가려는 순간, 다프네가 멈춰 섰다. 레나도 덩달아 다프네가 바라보는 방향을 돌아보았다.
"누구지?"
어둑어둑해지는 오솔길을 따라 말 한 필이 급히 달려오고 있었다. 어두워진 탓에 말 등에 앉은 사람의 얼굴을 확인할 수 없었다.

말이 저택 앞에 멈추고 나서야 레나는 그가 세메이온임을 알아보았다. 그의 얼굴은 땀으로 흥건히 젖었고, 어깨는 붉은 피로 얼룩져 있었다.

"세메이온 왕자님?!"

레나가 깜짝 놀라 그의 이름을 불렀다. 다프네 역시 의아하다는 얼굴로 그를 바라보았다.

세메이온은 비틀거리며 간신히 말에서 내렸다. 레나가 급히 다가갔다.

"헉! 상처가 심하잖아? 이렇게 다쳤으면서 왜 여길 왔어요?"

세메이온의 상처는 간단치 않았다. 무언가에 깊이 찔린 듯한 상처에서는 아직도 꾸역꾸역 피가 흘러나오고 있었다.

세메이온은 레나의 걱정스러운 책망에 희미하게 웃고는 다프네 쪽으로 시선을 던졌다.

"무사했군요. 다행이에요."

다프네는 그의 말에 눈썹을 휙 위로 올리며 되물었다.

"그게 무슨 소리야?"

"달의 계곡에 갔었는데 당신이 보이지 않기에 난 혹시 무슨 일이 생긴 줄 알았어요. 이렇게 무사한 걸 봤으니 됐어요."

그의 말이 끝나기가 무섭게 레나가 그제야 생각난 듯 짧은 비명을 질렀다.

"달의 계곡! 왕자님, 그럼 지금까지 그곳에 있었던 거예요? 혼자? 거기 짐승도 많다고…… 헉! 그럼 이 상처도 거기서 다친 거예요?"

세메이온은 살짝 고개를 끄덕였다. 레나는 안타까운 듯 발을 동동

굴렸다.

"미안해요. 난 왕자님을 도와주려고 말해준 건데 오히려 다치게만 했네요. 어떻게 해. 피가 계속 나잖아."

다프네는 곤란한 듯 얼굴을 찡그렸다. 예전부터 남자라면 질색을 하던 다프네지만 지금 이 순간 세메이온의 뜨거운 마음은 모른 척할 수가 없었다. 그녀를 바라보는 그의 눈빛은 신들의 그것보다 순수하다는 것은 어린 아이들도 알 수 있는 일이었다.

다프네가 힐끗 세메이온의 상처를 돌아보았다. 레나의 걱정대로 그의 상처는 얕지 않았다. 다친 몸으로 자신을 걱정해 이곳까지 달려온 그가 고맙기도 했지만 동시에 짜증이 치밀기도 했다.

아폴론과 세메이온의 무차별적인 애정공세는 다프네의 흔들리지 않는 심장을 뒤흔들기에 충분했고, 다프네의 혼란스러움은 짜증 섞인 목소리로 튀어나왔다.

"바보 같기는. 나는 사냥꾼이야. 더구나 강의 신 페네오스의 딸이란 걸 몰라? 대체 네가 날 왜 걱정하지? 그리고 그런 상처를 입었으면 치료를 할 일이지 여긴 왜 온 거야?"

"다프네, 무슨 말을 그렇게 해? 널 걱정해서 이런 몸으로 달려온 사람한테."

레나가 세메이온을 감싸는 것도 다프네는 달갑지 않았다. 다프네는 자기도 모르게 뾰족하게 말했다.

"그렇게 걱정되면 네가 치료해 주든지. 당연히 집 밖에서. 난 내 집에 남자를 들일 생각은 없으니까."

"내, 내가?"

다프네의 말에 레나는 정말로 눈앞이 깜깜해졌다. 치료라고는 일회용 반창고를 붙여본 게 전부인 레나가 피를 흘리며 비틀거리는 세메이온을 치료하기란 불가능한 일이었다.

"어허! 딸아, 듣자하니 너 때문에 다친 것 같은데 그건 아니지."

레나가 어찌할 바를 몰라 발을 동동 구를 때였다. 분명 텅 비어 있어야 할 저택의 문이 활짝 열리며 한 사람이 걸어 나왔다. 하얀 수염을 가슴까지 기르고 바다처럼 파란 옷을 입은 그를 본 다프네의 얼굴에 당혹감이 떠올랐다.

"아버지!"

다프네를 따라 레나가 외쳤다.

"아버지? 그럼 당신이?"

"내가 바로 온 세상의 강을 다스리는 페네오스란다. 다프네에게 요즘 새 친구가 생겼다더니 바로 너로구나."

페네오스는 인자한 미소를 지으며 레나를 보았다.

털썩!

바로 그 순간, 레나에게 기대선 채 가까스로 버티고 있던 세메이온이 죽은 듯 쓰러졌다.

페네오스의 갑작스러운 등장에 잠깐 세메이온에게서 시선을 뗐던 레나는 비명을 지르며 그의 옆에 주저앉았다.

"어떻게 해! 이 피 좀 봐!"

세메이온의 옷은 이제 온통 검붉은 피로 물들었다. 레나는 금방이라도 울 것 같은 얼굴로 다프네와 페네오스를 올려다보았다.

"도와줘요. 제발 도와줘요."

다프네가 보기에도 세메이온의 상처는 매우 심각했다. 이대로 모른 체하면 죽을 게 뻔했다. 그럼에도 다프네는 움직일 수 없었다. 걱정되는 마음과 달리 이상하게도 손가락 하나 까딱할 수가 없었다.

"어디 좀 보자."

다프네 대신 페네오스가 바람처럼 달려왔다. 그는 거침없이 세메이온의 옷을 풀었다. 풀어진 옷깃 사이로 내보인 상처는 상상했던 것보다 훨씬 심했다. 레나는 뭉클뭉클 뿜어나오는 피를 보며 비명을 질렀다.

"뾰족하고 날카로운 것에 찔렸구나."

하지만 페네오스는 무슨 바늘에 찔린 상처를 보듯 놀라지도 당황하지도 않았다. 다만 커다란 손을 상처 부위에 올려놓을 뿐이었다.

콰아아아―

놀랍게도 그의 손에서는 물이 콸콸 쏟아졌다.

레나가 깜짝 놀라 외쳤다.

"상처에 물이 닿으면 안······!"

레나는 말끝을 흐렸다. 어느새 깨끗이 씻겨나간 세메이온의 가슴은 긁힌 상처 하나 없이 말끔하게 변했기 때문이다. 슬쩍 이마를 짚어보니 불덩이 같던 체온도 정상으로 돌아왔다.

페네오스가 싱긋 웃었다.

"꼬마 인간아, 명색이 신이 인간 하나 못 구하겠느냐?"

페네오스는 친절하게도 세메이온을 다프네의 집 안까지 옮겨주었다. 다프네는 얼굴을 찡그렸지만 아버지의 앞을 막지는 않았다.

세메이온을 커다란 의자에 눕힌 페네오스는 자신이 찾아온 진짜 목적을 말했다.

"딸아, 네 나이가 몇이니. 제발 결혼 좀 해라."

페네오스의 말에 다프네는 그 자리에서 펄쩍 뛰었다.

"아버지! 싫어요. 결혼 같은 건 안 한다니까요. 몇 번이나 말씀드렸잖아요."

다프네의 신경질적인 반응에도 페네오스의 의지는 확고했다.

"이것아, 이제 결혼 안 한 딸은 달랑 너 하나인데 언제까지 버틸 셈이니? 너 좋다는 사람 있을 때 얼른 결혼하거라. 요즘 네 인기도 예전 같지 않다는 걸 모르느냐? 옛날엔 널 보려고 올림포스의 젊은 애들이 줄을 섰지만 요즘은 코빼기도 안 보인다는 걸 너도 알잖니. 그나마 목매는 애 하나라도 있을 때 결혼해라. 난 네 신랑이 인간이어도 반대 안 한다. 인간하고 결혼하는 요정들도 많은데 뭐가 대수겠니."

페네오스는 기절한 듯 잠들어 있는 세메이온을 힐끗 돌아보았다.

"아버님, 저도 세메이온을 추천할게요. 신랑감이란 자고로 저런 스타일이 좋다니까요. 자상하지, 헌신적이지, 잘생겼지!"

레나가 재빨리 끼어들었다.

"레나 너……."

다프네는 기가 막힌다는 듯 눈을 부릅떴다. 레나는 그녀의 눈길을 피해 페네우스의 등 뒤로 숨으며 한 마디 더 했다.

"게다가 세메이온은 이 나라 왕자예요. 것도 막내 왕자. 이런저런 부담 없고 딱 좋죠."

페네우스는 히죽 웃으며 레나에게 한쪽 손바닥을 내밀었다.

"오호! 네가 뭘 좀 아는구나."

짝!

레나가 경쾌하게 페네우스의 손바닥에 자신의 손바닥을 부딪혔다.

"제가 이래봬도 연애의 달인 아니겠어요. 연애 상담이라면 맡겨주세요."

"인재는 가까운 데 있다더니. 다프네가 널 왜 이제 만났을까."

다프네는 페네우스와 레나를 번갈아 보다가 버럭 소리쳤다.

"둘 다 그만두지 못해요? 아버지, 당장 돌아가세요."

다프네의 짜증 섞인 외침에 페네오스 역시 정색했다.

"딸아, 내 말은 농담 아니다. 이번 달 안에 신랑감을 데려오지 않으면 아무에게나 시집보내버릴 테니 선택의 여지가 있을 때 너와 잘 어울리는 상대를 골라라."

페네오스의 음성은 단호했다. 협상의 여지는 없었다. 그는 신이었고, 당연히 그가 한 말은 지켜져야만 했다.

다프네는 그제야 페네오스의 말이 단순한 잔소리가 아님을 깨달았다. 한 번 뱉은 말은 다시 뒤집을 수 없다. 하지만 약간의 조건을 걸 수는 있다.

다프네가 말했다.

"좋아요. 결혼하겠어요. 하지만 저도 조건이 있어요."

"조건?"

"인간이든 신이든, 저보다 더 뛰어난 사냥꾼과 결혼할 거예요."

다프네의 말에 페네오스는 인상을 와락 찡그렸다. 그의 말이 무게를 가지듯 다프네의 조건 역시 반드시 지켜져야만 했다.

"그게 말이 되니? 넌 아르테미스와 더불어 올림포스에서도 가장 뛰어난 사냥꾼인데 대체 누가 너보다 더 대단한 사냥꾼이라는 거냐?"

페네오스의 투덜거림에 다프네는 어깨를 한 번 으쓱해 보이고는 피식 웃었다.

"잘 찾아보면 있지 않을까요? 그럼 전 피곤해서 이만 쉴게요."

다프네는 웃음을 참으며 2층 자신의 방으로 들어갔다. 뒤에 남은 페네오스는 답답하다는 듯 길게 한숨을 쉬었다.

"내 딸이지만 정말 못 말리겠군. 어쩌려는 건지 참. 그런 사냥꾼이 어디 있다고?"

무려 강의 신이라는 엄청난 신분도 고집 센 딸 앞에서는 어쩔 수 없었는지 페네오스의 어깨가 축 처졌다.

"제가 그런 남자 한 명 아는데요?"

"저, 정말? 누구?"

레나는 잠깐 잠이 든 세메이온을 힐끗 돌아본 뒤 속삭이듯 한 사람의 이름을 말했다.

"아폴론이요. 요즘 아폴론이 다프네에게 푹 빠져 있거든요."

"정말?"

레나의 말에 페네오스는 언제 시무룩했냐는 듯 싱글벙글 웃었다. 아폴론이라면 제우스의 아들이요, 태양의 신이다. 더구나 아르테미스와 더불어 올림포스에서 가장 뛰어난 활 솜씨를 자랑하기도 했다.

"아폴론이라니! 고맙다, 이런 귀한 정보를…… 내가 이럴 때가 아니지. 올림포스에 소문을 내야, 아니야! 일단 부인에게 말해야지!"

페네오스는 정신없이 중얼거리다가 순식간에 물방울을 튀기며 사라졌다. 레나는 그가 돌아간 뒤 피식 웃고 말았다.

"나 참, 그렇게도 좋으실까."

"당연히 기쁘시겠죠. 상대가 무려 아폴론이라는데."

바로 그 순간, 레나의 혼잣말에 대답하는 목소리가 있었다. 깜짝 놀라 돌아보니 어느새 세메이온이 깨어난 상태였다.

"세메이온, 언제…… 그보다 내 말 다 들었어요?"

세메이온은 대답 대신 슬픈 미소를 지었다.

"괜찮아요. 나도 바보는 아니에요. 사실 처음부터 다프네님은 내게 과분한 존재였어요. 바보처럼 요정을 사랑한 내가 한심해 보이죠?"

세메이온의 아름다운 눈동자는 어느새 촉촉이 젖어 있었다. 레나는 뭐라고 대답해야 할지 몰라 그저 그를 바라만 보았다.

세메이온이 다시 말했다. 절망적인 표정으로, 슬픔에 찬 목소리로.

"사냥으로 신랑감을 정한다니 나에게는 기회조차 없겠죠?"

"세메이온······."

"레나, 무슨 방법이 없을까요? 난 정말 다프네님을 사랑해요. 잃고 싶지 않아요. 많이 바라지도 않아요. 그저 그녀 곁에 머물 수 있다면······ 그저 바라볼 수만 있다면······."

세메이온은 끝내 말끝을 흐렸다. 슬프고도 아픈 그의 눈물은 레나의 심장까지 저리게 만들었다.

5장
가장 강력한 사냥꾼은 누구?

다프네가 자신보다 더 강한 사냥꾼과 결혼하겠다고 했다는 소식은 강의 신이자 다프네의 아버지 페네오스의 입을 통해 부지런히 올림포스 전역으로 퍼져나갔다. 신들은 둘만 만나도 다프네의 이름을 입에 올렸다.

올림포스만 시끌벅적한 것이 아니었다. 신탁을 통해, 혹은 장난스러운 신들에 의해 인간들 역시 다프네에 대한 소문을 전해들을 수 있었다. 아름다운 강의 요정 다프네와 최고의 사냥꾼이라는 명예를 손에 넣을 수 있는 기회였기에 활을 좀 쏴 봤다는 청년들이 그리스 각지에서 다프네의 저택으로 모여들었다.

"내가 먼저 왔어!"

"이 멍청아, 눈을 어디다 달고 다니는 거야?"

"애송아, 그것도 활이라고 들고 왔냐? 활이라면 적어도 이 정도는 돼야 사냥꾼이라고 할 만하지."

"그걸로 사슴이나 잡아 봤니? 난 하룻밤에 호랑이 두 마리도 잡아 봤다고."

조용하던 다프네의 집 주변은 마치 시장바닥처럼 시끌벅적하게 변했다. 하루에도 수십 명씩 몰려온 청년들이 저마다 우렁우렁한 목소리로 자신들의 용맹을 자랑하기 바빴기 때문이다.

문전박대를 각오하고 저택의 문을 두드리는 청년도 적지 않았다. 그럴 때마다 다프네는 버럭버럭 소리를 질러댔고, 레나는 점잖지만 단호하게 그들을 물리쳐야 했다.

"아버지 때문에 내가 미쳐!"

다프네는 새벽부터 밤늦게까지 이어지는 소란에 머리를 쥐어뜯었다. 레나 역시 신경질적으로 머리를 북북 긁었다.

"하루 이틀도 아니고 벌써 며칠 째야. 저 사람들 때문에 씻으러 가지도 못해서 가려워 죽겠어."

퍽! 퍼억!

그 순간 둔탁한 소리와 함께 떠들썩함이 두 배쯤 커졌다. 서로의 활솜씨를 자랑하던 청년들 사이에 경쟁이 붙은 모양이었다. 레나는 익숙한 듯 한숨을 쉬었다.

"어휴, 쟤들은 지들이 주몽인 줄 알아."

"으으. 이대로는 도저히 못 살아."

다프네가 벌떡 일어났다. 레나도 덩달아 일어나며 물었다.

"어디 가려고?"

"아르테미스님에게 가려고. 그 더러운 오두막이라도 빌려야겠어."

"너 혼자 이 아수라장에서 도망가겠다고? 나만 남겨두고? 안 돼. 가려면 같이 가."

레나는 필사적으로 다프네에게 매달렸다.

"너 멀미하잖아?"

"이번엔 안 할게. 맹세할 수도 있어. 여기 하루만 더 있으면 나 진짜 폭발할 것 같단 말이야. 인내심의 한계야. 며칠 뒤에는 저보다 열 배는 많이 모일 거라고."

레나는 필사적이었다. 하지만 다행히 레나도 다프네도 집 밖으로 나갈 필요가 없었다. 아르테미스가 다프네의 집을 방문했기 때문이다.

"소문보다 훨씬 더 난장판인데?"

달의 여신답게 아르테미스는 달빛처럼 조용하게 찾아왔다. 다프네는 동경하는 여신을 보자마자 반가움에 눈물까지 글썽였다.

"아르테미스님!"

레나도 아르테미스가 반갑기는 마찬가지였다. 다프네와 레나는 누가 먼저랄 것도 없이 아르테미스를 붙잡고 며칠간 겪었던 일을 푸념처럼 털어놓기 바빴다.

"아르테미스님, 쟤들 좀 치워주세요. 저 인간들 때문에 잠도 못 자겠어요."

"존경하는 아르테미스님, 그 오두막 좀 빌려주면 안 돼요. 청소 다 할게요. 반짝반짝하게 해드린다니까요."

"워! 진정해. 너희 둘 다 맘고생 진짜 심했나 보네?"

아르테미스가 웃음을 터트리자 다프네는 간신히 이성을 찾았다.

"저 이제 어쩌죠? 이러다가 재수 없으면 저 얼간이들 중에 하나랑 결혼할지도 몰라요."

아르테미스는 싱긋 웃으며 되물었다.

"그런 쓸데없는 고민을 왜 해?"

"에?"

"넌 최고의 사냥꾼을 찾고 있잖아. 그럼 최고의 사냥감을 잡아오라고 하면 끝이잖아?"

아르테미스의 말에 다프네와 레나가 동시에 물었다.

"최고의 사냥감? 그게 뭔데요?"

아르테미스는 어깨를 으쓱했다.

"그건 네가 찾아봐야지."

레나가 울상을 지었다.

"칫, 신도 모르는 걸 어디서 찾아요?"

아르테미스는 툴툴거리는 레나를 향해 한쪽 눈을 찡긋 감았다.

"신이라고 해서 모든 걸 다 알지는 못해. 때로 인간이 신보다 더 현명하단다."

아르테미스는 그렇게 말하고는 문 쪽으로 다가갔다.

"답을 찾아, 다프네. 오늘 밤은 조용할 테니까."

말을 마친 아르테미스가 문을 활짝 열고 밖으로 나갔다. 이제나 저제나 다프네가 나오기만을 기다리던 청년들은 아름다운 아르테미스의 등장에 숨을 죽였다.

"인간들아, 내가 누군지는 다들 알지? 여기서 나보다 활 잘 쏘는 녀석은 남아도 좋아. 그렇지 않으면 다 꺼져줬으면 하는데. 버티다 나한테 지면 죽는다."

청년들 사이에서 작은 웅성거림이 일었다. 사냥의 여신을 이길 수 있는 인간이 있을 리가 없었다. 청년들은 슬금슬금 천천히 자신의 활을 챙겨들었다.

아르테미스는 만족한 듯 미소 지었다.

"잘 생각했어. 해가 지면 집에 가야지. 얼른 가라, 얼른."

밤은 적막했다. 아르테미스 덕분에 다시 찾은 고요한 밤을 레나는 마음껏 즐겼다.

"조용한 밤을 그리워하게 될 줄은 몰랐어. 내가 살던 곳은 무척 시끄러웠거든. 정확히는 전학 오기 전에 살던 도시 말이야. 그 다음에는 시골로 내려왔는데 거기가 꼭 이래. 조용하고 평화롭고."

오랜만에 찾아온 고요함 때문이었는지는 모르지만 레나는 다프네에게 자신의 이야기를 털어놓았다.

다프네는 아무 말 않고 레나가 들려주는 가족들과의 이별과 낯선 신화중학교에서의 생활, 새로 만난 친구들, 그중에서도 우혁과 진우의 이야기를 들어주었다.

"좋은 친구들이었나 보다. 보고 싶겠다."

다프네의 한 마디에 레나는 잠자코 있다가 한참 만에 고개를 끄덕였다. 진우는 다정한 친구였다. 하지만 진우보다 훨씬 더 우혁이 그리웠다. 무언가 부탁을 하면 귀찮아 죽겠다는 표정을 지으면서도 꼬박꼬박 들어주던 우혁을 떠올린 레나는 문득 중얼거렸다.

"노래 진짜 잘하던데."

비록 고양이 털 때문에 생긴 짧은 순간이었지만 그 밤의 우혁은 세메이온보다 훨씬 더 다정했다. 그가 불러준, 제목도 낯선 그 노래를 레나는 자기도 모르게 흥얼거렸다.

레나가 혼자만의 상념에 잠기자 다프네 역시 생각에 잠겼다.

'사냥꾼이라. 괜히 그런 말을 했나?'

벌써 며칠째 세메이온이 보이지 않았다. 사냥과는 거리가 먼 그였으니 어쩌면 당연한 일인지도 몰랐다. 하지만 왠지 다프네는 걱정 가득한 눈으로 자신을 응시하던 세메이온의 눈동자를 머릿속에서 쉽게 지울 수 없었다.

'인간 주제에 왜 날 걱정하는 거야?'

그동안 세메이온을 본 체 만 체하던 다프네였지만 그 밤, 그가 보여준 진심은 의심의 여지가 없었다. 그의 일방적인 애정은 뜨거웠고 순수했다. 남자를 꺼리는 다프네조차 약간은 감동했을 정도로.

뜨거운 구애로 치자면 아폴론 역시 만만치 않았다. 아르테미스의 말대로 아폴론은 괜찮은, 아니 멋진 신이다. 제우스의 능력에 맞먹을 정도로 강력하면서도 멋진 외모를 가진 신은 흔치 않았다. 약간의 오만함은 그의 진정한 힘에 비하면 오히려 겸손하다고 말해야 했다. 또한 그는 유쾌하기도 했다.

하지만 그럼에도 다프네는 그를 볼 때마다 마음 한구석에서 이상한 거부감이 들었다. 다가서기는커녕 머뭇거리게 되고 물러서게 되었다. 원래 남자라면 질색을 하던 다프네였지만 아폴론에게는 더욱 그 정도가 심했다.

"아야야. 또 이러네."

갑자기 다프네가 어깨를 움켜잡으며 신음을 흘렸다. 아폴론에 대한 생각만 하면 이상하게 머리가 아프고 어깨가 욱신거렸다. 드넓은 초원을 달린 듯 심장 박동도 빨라졌다. 하지만 이것은 설렘이나 그 비슷한 것이 아니었다. 오히려 불쾌할 정도로 기분이 나빠졌고, 날이 갈수록 그 강도는 강해졌다.

"아, 진짜 복잡해 죽겠네. 어떻게 하지?"

다프네는 머리를 쥐어뜯으며 절규했다.

"다프네, 심란한 건 알겠는데 제발 한 자리에 서서 고민해. 왔다 갔다 하지 말고. 보는 내가 다 어지러워."

레나는 한숨을 쉬며 한 마디 덧붙였다.

"정 답답하면 점쟁이한테 물어보기라도 하든지."

별 의미 없이 지나가듯 던진 레나의 말에 뜻밖에도 다프네는 손뼉을 짝 치며 반응했다.

"점쟁이! 바로 그거야!"

"바로 그거라니?"

"우리한테 필요한 건 바로 예언자였어. 내가 모르는 걸 아는 사람!"

마치 신세계를 발견한 듯 다프네는 환호성을 지르며 레나의 손을 덥석 잡았다.

"가자."

"가, 가자니 어딜? 이 밤중에?"

다프네는 씨익 웃으며 말했다.

"어디긴? 점쟁이를 찾으러 가야지."

신들은 평범한 인간은 상상할 수조차 없을 정도로 방대한 지식을 가지고 있다. 그중 아주 일부분만으로도 세상을 바꿀 수 있을 정도로 지식의 힘은 엄청났다. 당연히 올림포스의 신들은 자신들의 지혜를 함부로 인간에게 나누어 주지 않았다.

하지만 감히 신들의 지혜를 엿볼 수 있는 인간도 있다. 바로 예언자들이다. 예언자들은 타고난 교감 능력을 통해 자신과 가까운 신들의 꿈속을 어렴풋이나마 엿볼 수 있었고, 그런 예언자들의 지혜를 구하고자 사람들은 멀리서도 그들을 찾아오고는 했다. 다프네가 찾아간다는 점쟁이는 바로 이 예언자를 뜻했다.

"가자!"

자신 있게 외치는 다프네를 따라 나서던 레나가 물었다.

"그런데 우리가 찾아갈 예언자가 누구야?"

문 밖으로 한 발 나서려던 다프네는 레나의 질문에 그 자리에 우뚝 멈춰 섰다. 레나가 다프네의 뒤통수를 슬쩍 째려보며 다시 물었다.

"너 설마 누굴 찾아가야 하는지도 모르고 무작정 떠날 건 아니지?"

레나의 거듭되는 질문에 다프네의 어깨가 움찔 굳어졌다. 레나는 한숨을 푹 내쉬었다.

"너 정말."

다그닥다그닥.

말 발굽 소리가 난 것은 레나가 잔소리를 퍼부으려는 순간이었다. 다프네가 재빨리 외쳤다.

"누가 왔나 봐!"

긴 머리를 휘날리며 밖으로 뛰어나가는 다프네를 보며 레나는 고개를 흔들었다.

"쟤 정말 요정 맞아? 무슨 요정이 저렇게 아무 대책이 없냐?"

시무룩한 얼굴로 터덜터덜 밖으로 나간 레나는 문밖으로 나가자마자 활짝 웃었다.

"어? 세메이온!"

마차를 몰고 온 것은 세메이온이었다. 자신만만하게 밖으로 나간 다프네는 세메이온 앞에 벌레 씹은 표정으로 멈춰 섰다.

"이 시간에 여긴 왜 왔어?"

세메이온은 힐난조로 묻는 다프네에게 변명하듯 답했다.

"아, 제가 좀 늦었죠? 이것저것 준비하다 보니 벌써 해가 졌네요."

"해도 졌는데 뭐하러…… 으읍! 읍!"

레나는 재빨리 다프네의 입을 막고는 상냥하게 웃었다.

"다프네 말은 늦은 시간에 일부러 와 줘서 고맙다는 거예요. 그런데 정말 이 시간에 웬일이에요?"

"아, 이 근처에 사람들이 몰려든다고 해서 먹을 걸 좀 가져왔어요. 그런데 지금은 한 명도 없네요? 소문으로는 엄청 많다고 하던데."

세메이온은 텅 빈 저택 주변을 둘러보며 말했다. 다프네는 손을 휘휘 흔들었다.

"그 덜떨어진 사냥꾼들? 다 가버렸어. 그리고 그 인간들 음식을 왜 네가 가져와? 네가 우리 집 집사야?"

다프네는 묘하게 신경질을 내듯 툴툴거리고는 그대로 마구간 쪽으로 향했다.

레나는 땅이 꺼져라 한숨을 쉬는 세메이온의 어깨를 툭툭 두드렸다.

"다프네가 말을 저렇게 해도 왕자님한테 고마울 거예요. 그리고 이건 내가 봐도 좀 속상하네요. 다프네 말대로 이런 건 왕자님이 직접 신경 안 써도 돼요."

세메이온은 그제야 빙그레 웃으며 물었다.

"그나저나 두 분은 이 밤중에 어딜 가시려는 겁니까?"

"아, 그게……."

레나는 다프네가 예언자에게 지혜를 빌리러 갈 것이라고 설명했다. 레나의 말이 끝나자 세메이온은 고개를 끄덕였다.

"그럼 둘로스의 은둔자 모로스를 찾아가셔야겠군요."

레나가 대답하기도 전에 다프네의 목소리가 먼저 끼어들었다.

"둘로스의 은둔자? 모로스가 누구야?"

마구간에서 커다란 말을 끌고 나오며 다프네가 외치듯 물었다. 세메이온은 아예 그쪽으로 돌아서서 대답했다.

"모로스는 이 땅에서 가장 유명한 예언자입니다. 모르십니까?"

다프네는 천천히 고개를 끄덕였다.

"으음, 이 땅에도 유명한 예언자가 있구나. 그럼 그 모로스인가 뭔가 하는 사람을 찾으면 되겠군."

세메이온의 말대로라면 모로스는 그리스의 예언자들 중에서도 가장 강력한 힘을 가지고 있었다. 모로스는 별명 그대로 둘로스 지역에 머물고 있었는데, 그곳에는 예언의 샘이라는 아주 특별한 샘물이 솟아났다. 모로스는 그 샘을 지키는 수호자이자 예언자였다. 그는 다른 어떤 예언자보다 강력했고, 올림포스의 신들 역시 모로스에게 자신들의 지혜를 나누어 주는 일이 관대했다.

다프네는 조금 전보다 한결 밝은 얼굴이 되었다.

"레나, 당장 출발하자."

레나 역시 모로스를 찾아가는 데 반대할 이유가 없었다. 단 한 가지

문제는 둘로스가 무척 멀다는 사실이었다.

"말은 안 타. 절대 못 타."

레나는 다프네가 끌고 온 커다란 말을 올려다보며 단호하게 말했다. 거친 콧김을 팍팍 뿜어내는 말은 보기만 해도 속이 울렁거렸다.

"둘로스는 무척 멀다고."

"멀어도 이건 아니다, 다프네. 날 저 위에 태우면 멀미로 죽는 최초의 인간을 보게 될 거야."

"그렇다고 걸어갈 수도 없잖아. 시간이 없단 말이야."

다프네와 레나는 한동안 팽팽한 눈싸움을 벌였다. 다프네는 자신의 인생이 걸려 있으니 당연히 강한 의지를 보였다. 하지만 레나 역시 이번만큼은 절대 물러설 수 없었다.

'네가 모는 말을 두 번 탔다가는 정말 생명을 장담할 수 없다고!'

결국 먼저 한숨을 쉬며 눈길을 거둔 것은 다프네였다. 다프네는 졌다는 듯 고개를 설레설레 저으며 세메이온을 돌아보았다.

"저기, 그, 큼…… 마차 좀 내놔."

누군가에게 부탁하는 게 처음인 다프네는 헛기침까지 했다.

레나가 한숨을 폭 내쉬었다.

"다프네, 아무리 세메이온이 널 심하게 좋아해도 그렇지. 부탁하는 말이 뭐 그러니? 강도가 따로 없잖아."

레나는 고개를 절레절레 저으며 세메이온을 쳐다보았다. 하지만 레나가 다시 부탁할 필요는 없었다.

세메이온이 말했다.

"그런 부탁이라면 하실 필요도 없으십니다. 둘로스로 가실 거면 당연히 제가 두 아가씨를 모셔야죠."

"당신이 왜? 그럴 필요 없어."

다프네의 말에 세메이온은 빙긋이 웃었다.

"그동안 다프네님은 사냥을 하거나 신들과 어울리기만 하셨지요? 하지만 둘로스에 가려면 인간들의 마을을 지나고 길을 건너야 합니다. 제가 도움이 될 겁니다."

"그, 그건……."

다프네는 선뜻 대답을 하지 못했다. 반면 레나는 대찬성이었다.

"찬성! 여행을 떠날 때 훌륭한 가이드만큼 든든한 게 없다구!"

레나는 행여 다프네가 반대할까 봐 재빨리 덧붙였다.

"말을 못 타는 나를 위해 왕자님 말고 또 누가 마차를 몰아주겠어?"

다프네는 그제야 마지못해 슬쩍 고개를 끄덕이고는 오히려 레나보다 먼저 마차에 올랐다.

"다들 동작 그만!"

바로 그 순간, 커다란 고함소리와 함께 한 사람이 레나와 세메이온 앞으로 떨어져 내렸다. 굳이 확인하지 않아도 요란한 흙먼지와 함께 나타난 사람이 아폴론이라는 것은 레나도, 다프네도 알 수 있었다.

"나 빼고 가긴 어딜 가?"

과연 나타난 이는 아폴론이었다. 서둘러 온 듯 황금빛 머리를 헝클

어뜨린 그는 다프네에게 씽긋 웃어준 뒤 세메이온을 향해 인상을 와락 썼다.

"치사하게 날 빼고 가려고? 그 먼 길을 다프네와 단둘이?"

아폴론의 말에 레나가 조심스럽게 손을 들었다.

"저기요? 나도 여기 있거든요?"

하지만 아폴론은 레나 따위는 보이지도 않는다는 듯 세메이온을 향해 으르렁거렸다.

"나도 둘로스에 같이 갈 거니까 그렇게 알아라, 인간."

아폴론은 세메이온이 뭐라고 대꾸할 시간도 주지 않고는 그대로 다프네가 올라탄 마차에 훌쩍 올라탔다.

레나는 입을 한껏 내밀고 툴툴댔다.

"아니, 저 사람이 진짜! 내가 무슨 투명 인간이야? 보이지도 않아? 어쩜 이렇게 완벽하게 무시를 할 수가 있지?"

세메이온은 레나보다 더 시무룩했다.

"맙소사. 인간 사냥꾼들도 경쟁이 안 되는데 아폴론이라니. 모로스가 어떤 사냥감을 점찍어 줄지는 모르지만 난 도저히 가망이 없을 것 같네요."

세메이온의 축 처진 어깨를 보는 레나의 마음이 편치 않았다. 레나 역시 이 경쟁이 불공평하다고 생각하고 있던 참이었다.

"이런 활로는 어림도 없겠군."

레나 옆을 지나며 한숨처럼 세메이온이 중얼거렸다. 그의 손에는 무기라기보다는 장신구에 가까운 활이 들려 있었다. 확실히 아폴론의 활에 비하면 장난감 수준이었다.

순간 레나의 머릿속에 다프네의 방 벽에 걸린 채 먼지를 뽀얗게 뒤집어쓰고 있는 활이 떠올랐다.

'아무래도 인간의 것보다는 좀 낫겠지? 잠깐만 살짝 빌려 쓰고 돌려준다면…….'

레나가 급히 세메이온의 팔을 붙잡았다.

"잠깐만요."

세메이온은 산을 벗어나자마자 짐마차를 튼튼한 여행 마차로 바꾸었다. 네 마리 말이 이끄는 마차는 단단했고 지붕은 새벽의 찬이슬과 더운 태양빛을 가려주었다. 그는 또한 지나는 마을마다 미리 숙소를 알아보는 등 주도면밀한 모습을 보였다.

최고의 가이드와 동행하는 레나는 불행히도 전혀 편안하지 않았다. 아폴론을 보면 이상하게 기분이 나빠지는 탓에 다프네가 편안한 마차 안을 마다하고 마부석에 올라탔고, 그 덕분에 레나는 잔뜩 인상을 찌푸린 아폴론과 단둘이 남았기 때문이다.

"인상 좀 풀어요."

"네가 나 같으면 기분이 좋겠냐? 다프네가 저 영악한 왕자 녀석과 나란히 앉아 있는데."

"그럼 당신이 왕자랑 자리를 바꾸든가요."

아폴론은 조금 전보다 더 기분 나쁜 듯 인상을 썼다.

"야, 난 신이야, 신! 태양의 신! 내가 마부석에서 말을 몰아야겠니?"

"싫으면 어쩔 수 없고요. 나야 세메이온 왕자를 응원하는 쪽이니 이것도 나쁘지 않네요."

레나의 말에 아폴론은 불쑥 얼굴을 들이밀며 물었다.

"전부터 궁금했는데 넌 왜 날 싫어하지?"

숨소리까지 느껴질 정도로 가까워진 아폴론의 얼굴 때문에 레나의 얼굴이 순식간에 달아올랐다. 심장이 쿵 내려앉는 기분이었다.

"가, 갑자기 왜 달라붙어요? 좀 떨어져요."

"크게 말하면 쟤들한테 들릴까 봐 그러지. 얼른 말해 봐. 넌 왜 나 대신 저런 약해빠진 녀석을 좋아하는데?"

아폴론은 떨어지기는커녕 더욱 바싹 붙어 앉으며 아예 귓속말을 했다. 레나는 간지러움에 잔뜩 어깨를 움츠리며 대답했다.

"그걸 지금 몰라서 물어요? 처음 만났을 때 날 물에 던져버렸던 건 기억 안 나요?"

"그거야 네가 날 에로스 녀석하고 착각해서 그런 거고."

"둘이 진짜 비슷하거든요?"

"어딜 봐서? 전혀 아니거든."

대화가 길어질수록 레나의 심장 박동은 위험할 정도로 빨라졌다. 레나는 급히 아폴론의 어깨를 밀어냈다.

"그리고 남자가 너무 일방적으로 밀어붙이면 여자가 싫어하는 거예

요. 너무 제멋대로니까 다프네가 싫어하지."

아폴론은 순순히 밀려나며 눈을 동그랗게 떴다.

"그런 거야? 그럼 어떻게…… 야!"

질문을 하던 아폴론이 창문 밖으로 고개를 내밀고는 마부석을 향해 버럭 소리를 질렀다. 나란히 앉아 말을 몰던 세메이온과 다프네가 무슨 이야기를 나누려는 듯 머리를 가까이 맞댔기 때문이다.

"너무 가깝잖아! 떨어져!"

다프네는 힐끗 아폴론을 돌아봤을 뿐이다. 세메이온 역시 의미심장한 표정으로 아폴론을 돌아보고는 그대로 대화를 나누었다.

"어우, 열 받아. 내가 당장에 저것들을……!"

자리를 박차고 일어나려는 아폴론의 옷자락을 레나가 급히 잡았다.

"좀 참아요. 마부석에는 죽어도 안 앉겠다면서요? 그럼 참아야지. 그리고 무슨 남자가 이렇게 가벼워요? 신이면 신답게 무게도 좀 잡고 때로 무심한 척 굴어야 다프네가 관심을 보이죠."

"정말 그럴까?"

아폴론은 미심쩍은 듯 고개를 갸웃거렸지만 순순히 레나의 옆자리에 다시 털썩 주저앉았다.

모로스가 있는 둘로스는 깊은 산속이었다. 막 마차가 길을 벗어나 울창한 숲으로 들어서는 순간, 십여 명의 사내들이 마차 앞을 가로막았다.

"당장 마차에서 내려!"

커다란 칼을 들고 무시무시한 덩치를 자랑하는 그들은 누가 보더라도 산적이었다.

"꺄아악!"

레나는 산적의 등장에 비명을 질렀다. 깊은 산속에서 험악해 보이는 산적을 만난 소녀가 당연히 할 도리를 하듯이.

하지만 레나를 뺀 다른 세 명의 반응은 전혀 달랐다.

"내가 좀 바쁘거든? 다치기 싫으면 비키지?"

다프네는 짜증을 냈다.

"여러분, 이건 불법적인 강탈 행위이며 동시에 탈세 행위이기도 합니다. 왕실의 일원인 저로서는 도저히 그냥 지나칠 수 없군요."

세메이온은 자신이 마치 경찰이라도 된 듯 심각한 표정이 되었으며 마지막으로 아폴론은 정말 신이 난 목소리로 마차에서 뛰어내리며 외쳤다.

"손대지 마! 쟤들은 내 거야! 안 그래도 기분 꿀꿀했는데 너희들 딱 걸렸어! 일루 와!"

다프네는 사냥의 명수이고, 아폴론은 무려 태양의 신이다. 당연히 산적들을 무서워할 필요가 없었다. 세메이온 역시 왕자이기는 하지만 결코 허약하지는 않았다. 셋은 길고 무료한 여행 중에 모처럼 재미난 일을 만난 듯 눈을 반짝이며 산적들을 향해 달려들었다.

멀뚱멀뚱 눈을 깜빡이며 레나가 중얼거렸다.

"이런 경우 산적들을 동정해야 하는 거겠지?"

레나의 예상대로 산적들은 처절한 비명을 지르며 순식간에 땅바닥에 나뒹굴었다. 레나는 쯧쯧 혀를 차며 산적들을 위로했다.

"그러게 사람 봐 가면서 도둑질을 해야죠. 그렇게 보는 눈이 없어서 이 험난한 시대를 어떻게 살아요? 얼른 싹싹 빌고 가요."

"가긴 어딜 가? 나 아직 화 안 풀렸어! 일루 와!"

아폴론이 길길이 날뛰자 산적들은 말 그대로 손이 발이 되도록 빌고는 부리나케 도망쳤다.

"아, 속 시원하다."

"죗값을 치르게 해야 하는데."

"또 없나? 잘 찾아 보면 또 있을 것 같은데."

산적들이 가고 난 뒤 다프네와 세메이온, 아폴론의 반응 역시 제각각이었다. 레나는 어찌 보면 유쾌하고 또 어찌 보면 엉뚱한 셋을 보며 웃음을 참지 못했다.

산적들을 만난 탓에 여정은 조금 더 지체되어 일행이 모로스의 거처에 도착한 것은 사방이 어둠으로 물든 늦은 밤이었다.

둘로스의 은둔자라는 호칭을 가진 모로스는 뜻밖에도 젊은 청년이었다. 비록 머리는 덥수룩했고, 코밑과 턱은 구불거리는 수염으로 가득했지만 반짝이는 눈동자와 건장한 어깨만으로도 레나는 그가 생각보다 젊다는 사실을 알 수 있었다.

"헉! 어떻게 여기에……!"

마차 소리에 대문을 연 모로스는 뜻밖의 방문자들을 발견하고는 기절할 듯 놀랐다. 당연한 일이었다. 그의 앞에 서 있는 것은 무려 태양의 신이었으므로. 하지만 레나는 왠지 그가 세메이온과 눈이 마주친 뒤 더욱 긴장한 것 같다는 착각이 들었다.

레나가 막 고개를 갸웃거리려는 순간이었다. 아폴론이 피식 웃으며 말했다.

"예언자라더니 자기 집에 누가 올지도 모르나 봐?"

모로스는 아폴론의 말에 허겁지겁 고개를 숙였다.

"미천한 예언자일 뿐인 제가 어찌 세상의 모든 일을 알겠습니까."

두려운 듯 덜덜 떠는 모로스의 반응에 아폴론은 이게 아닌데, 라는 듯 머리를 긁적였다.

"아니, 나는 별 뜻 없이 한 말인데. 그렇게 정색하지 마. 농담이었어, 농담. 웃자고 한……."

레나가 그런 그의 옆구리를 푹 찔렀다.

"으이구, 나나 되니까 당신한테 말대답도 따박따박 해주고 면박도 주고 그러는 거예요. 자기가 신이라는 자각을 좀 가져요."

다프네가 손을 휘휘 저었다.

"피곤하니 일단 쉬어야겠다. 방으로 안내하라."

다프네의 말에 모로스는 허겁지겁 누추한 집을 찾아주어 영광이라느니 자기 집처럼 편히 쉬라느니 하는 말을 하며 일행을 방으로 안내

했다.

 깊은 숲속에 자리한 모로스의 집은 소박하고 정갈했다. 커다란 기둥으로 둘러싸인 중앙의 정원을 감싸며 지어진 집안 곳곳에는 고대의 신화 이야기가 수놓아진 천들로 가득했다.
 모로스는 아폴론과 다프네에게 집에서 가장 좋은 방을, 세메이온과 레나에게도 역시 깨끗한 방을 내주었다.
 "으아아! 좋다. 그나저나 젊은 아저씨였구나. 세메이온하고 어째 아는 사이 같기도 하고. 에이, 모르겠다. 잠부터 자자."
 레나는 잘 말린 짚으로 채운 투박한 침대에 지친 몸을 뉘였다. 며칠 동안 마차만 타다가 마침내 흔들리지 않는 침대에 누운 레나는 그대로 잠에 빠져들었다.

 레나가 다시 눈을 뜬 것은 사방이 아직 밝아오기 전인 이른 새벽이었다. 처음에 레나는 자신이 왜 깼는지 몰라 어리둥절했다.
 '아직 피곤한데 왜 깼지?'
 그리고 그 다음 순간, 레나는 무엇이 자신을 깨웠는지 알아챘다. 누군가의 낮은 속삭임이 살짝 열린 방문 틈으로 들려왔던 것이다. 적막하기 이를 데 없는 산중에서 들려온 속삭임은 온통 돌로 만들어진 집의 복도를 지나며 생각보다 큰 울림을 만들어 냈다.
 "이 새벽에 누구야?"
 레나는 커다란 천을 어깨에 두르고 어두운 복도를 걸었다. 목소리는 중앙의 정원 쪽에서 들려왔다. 그곳은 모로스에게 예언의 힘을 주는 샘이 솟아나는 곳으로, 이 집에서 가장 중요한 공간이었다.

정원 가운데 선 사람은 바로 모로스였다. 다 낡아빠진 회색 로브를 걸친 그는 연못 앞에 서서 혼잣말을 중얼거리고 있었다.

"그건 너무…… 다프네님에게 가혹한 일입니다."

낮게 읊조리는 그의 음성은 알아들을 수 없을 정도로 작았다. 레나는 눈을 살짝 찡그리며 한 발짝 더 정원 쪽으로 다가갔다.

"하지만 약속했잖습니까? 그녀는…… 알겠습니다."

레나가 막 정원으로 통하는 복도 끝에 도착한 순간이었다. 모로스는 탄식하듯 긴 한숨을 내쉬며 레나가 있는 복도 쪽으로 몸을 돌렸다. 순간 레나는 자기도 모르게 복도의 그림자 속에 몸을 숨겼다. 왜 그런지 모르겠지만 왠지 그래야만 할 것 같은 기분이었다.

모로스는 그런 레나의 기척을 느꼈는지 잠깐 멈칫했다. 하지만 이내 다시 걸음을 옮겼다.

모로스가 모퉁이를 돌아 완전히 시야에서 사라지자 레나는 그제야 그림자 밖으로 걸어 나와 정원으로 향했다.

정원 한가운데는 모로스의 예언의 원천인 샘이 솟아나고 있었다. 깨끗하고 투명한 샘물은 보기만 해도 청량감이 들었다.

"대체 누구랑 얘기를 한 거지?"

샘가는 텅 비어 있었다. 이리저리 연결된 복도 어디에서도 인기척은 느껴지지 않았다. 한참 고민을 하던 레나가 어깨를 으쓱했다.

"예언자라더니 신탁이라도 받았나 보다. 그나저나 다프네한테 가혹한 건 또 뭐지? 하긴 이 상황이 다 다프네한테 부담이긴 하지. 하암~ 괜히 깼네. 다시 잠이나 자자."

새벽 공기는 코끝이 시릴 정도로 찼다. 레나는 커다랗게 하품을 하며 몸을 부르르 떨었다. 그리고 어깨에 두른 천을 바싹 움켜쥔 채 방으로 돌아갔다. 레나의 등 뒤로 새벽이 파랗게 밝아오고 있었다.

저벅.

레나가 방으로 돌아가자 여명 속으로 누군가 걸어 나왔다. 발끝까지 끌릴 정도로 긴 망토를 두른 그는 한참동안 레나가 사라진 쪽을 물끄러미 바라보고 서 있었다. 그리고 마침내 동쪽 하늘이 하얗게 밝기 시작하자 서서히 뒷걸음질을 쳤다. 마치 태양과 마주하기가 두려운 듯.

다음 날, 해가 뜨자마자 다프네와 레나는 모로스의 정원으로 달려갔다. 부지런한 세메이온은 벌써 샘가에 도착해 있었다.

"신탁이 내려왔습니다."

지난밤보다 훨씬 더 지친 얼굴의 모로스는 샘물 앞에 꿇어앉아 두 손으로 샘물을 한 가득 떠올렸다. 그리고 그 샘물로 자신의 이마와 머리를 적신 뒤 한참이나 기도를 했다. 그리고 마침내 신탁을 얻었다고 말했다.

"벌써? 역시 최고의 예언자는 뭐가 달라도 다르네. 그래서 최고의

"사냥감이 뭔데?"

뒤늦게 달려온 아폴론이 숨도 쉬지 않고 물었다. 모로스는 아폴론과 다프네, 레나, 그리고 세메이온을 천천히 돌아본 뒤 대답했다.

"세상에서 가장 강한 사냥감은 레스터 계곡 가장 깊은 동굴의 주인입니다. 다프네님을 영원히 사랑할 자격을 가지려면 그 동굴의 주인을 죽여야만 합니다."

"레스테 계곡이라고? 말도 안 돼."

다프네와 아폴론은 약속이라도 한 듯 숨을 들이켰다. 심지어 세메이온까지 눈을 부릅떴다. 오직 레나만이 사정을 몰라 고개를 갸웃거렸다.

"왜 놀라? 그 동굴에 뭐가 사는데?"

아폴론은 드물게도 긴장한 얼굴이 되었다.

"동굴의 주인이 아니라 레스터 계곡 자체가 문제야."

레스터 계곡은 인간들은 물론 신들조차 발을 들이기 꺼리는 곳이었다. 치명적인 맹독이나 단숨에 바위도 자를 만큼 날카로운 발톱을 가진 맹수들이 우글대는 곳이기 때문이다. 사람들은 레스터 계곡을 괴물들의 둥지라고 부르기도 했다.

"레스터 계곡에 들어갔던 그 누구도 멀쩡히 살아 돌아온 이가 없어. 제아무리 뛰어난 사냥꾼이라 하더라도. 사냥의 여신인 내 동생 아르테미스도 레스터 계곡엔 가지 않아."

아폴론의 굳은 표정과 다프네의 흔들리는 눈빛에 레나는 모로스를 돌아보았다.

"모로스님, 다른 사냥감은 없어요?"

모로스는 고개를 흔들었다. 예언은 이미 이루어졌다. 게다가 이미 올림포스의 모든 신들이 그의 말 한 마디에 귀를 기울이고 있었다. 사냥감은 절대 바뀔 수 없다.

다프네는 절망적인 한숨을 내쉬었다. 귀찮은 결혼을 피하려다가 훨씬 더 귀찮은 일에 말려든 것이다. 더구나 이 일은 위험하기까지 했다.

"레스터 계곡이라……."

6장
거대한 함정 레스터 계곡

모로스의 집 안을 가득 메운 공기는 무겁다 못해 숨이 막혔다. 다프네와 아폴론, 세메이온이 각각 깊은 생각에 잠겼기 때문이다.

"하고 많은 계곡 중에서 왜 하필 레스터 계곡이야?"

다프네는 뒤늦게 자신이 내건 조건을 후회했다. 아버지에 대한 원망도 밀려왔다. 하지만 후회하기에는 이미 늦었다.

누가 보더라도 레스터 계곡의 동굴까지 무사히 갈 수 있는 것은 아폴론뿐이다. 그리고 그게 가장 큰 문제였다. 이곳까지 오는 동안 다프네는 아폴론만 보면 까닭 없이 치미는 분노와 짜증을 이겨내느라 거의 모든 정신을 쥐어짜야 했다. 단순히 남자를 싫어하는 것과는 차원이 다른 감정이었다. 어깨에서 시작되는 통증은 이제 심장까지 욱신거리게 만들었다. 이대로 아폴론이 예언의 주인공이 된다면 다프네는 이런 아폴론과 평생을 함께해야만 한다.

"그럴 수는 없어. 이 사냥은 최고의 사냥꾼이라는 칭호는 둘째치고 내 인생을 온전히 되돌려 받을 기회야. 결혼에서 자유로워질 절호의 찬스라고."

다프네가 활과 화살을 챙기는 그 시간, 아폴론 역시 레스터 계곡에 대해 생각하고 있었다. 다른 사람들과 달리 그는 큰 걱정은 하지 않았다. 아무리 무시무시한 괴물들이 많다고 해도 자신을 해칠 수 있는 존재는 없을 것이기 때문이다.

아폴론은 그 자신보다 다프네에 대한 걱정이 더 컸다.

"다프네 성격상 여기서 얌전히 기다리고 있지는 않을 텐데. 내 뒤만 따라올 것 같지도 않고."

세메이온은 자신의 방에 머무는 대신 모로스의 방문을 두드렸다. 방 안쪽에서 작은 움직임이 들리더니 문이 열렸다.

"왕자님……."

세메이온을 바라보는 모로스의 표정은 두려움이 가득했다. 신인 아폴론보다 오히려 그를 더욱 두려워하는 듯한 그의 태도는 어딘지 이상했다.

세메이온은 그런 모로스의 반응을 당연하게 받아들였다. 그는 마치 자신의 방인 듯 성큼성큼 걸어 들어가 모로스의 의자에 걸터앉았다.

"네가 한 가지 더 해야 할 게 있어."

세메이온의 말에 모로스의 어깨가 굳어졌다.

"하지만……."

"참, 유모가 안부를 전해달라더군."

뭐라고 말을 하려던 모로스는 세메이온의 말에 입술을 지그시 깨물었다. 모로스를 바라보는 세메이온의 눈동자는 촛불 아래 교활하게 번뜩였다. 평소의 다정함과는 거리가 멀었다.

잠깐의 침묵이 지난 뒤 모로스는 체념한 듯 어두운 얼굴로 물었다.

"제가 할 일이 무엇입니까?"

세메이온은 그제야 만족한 듯 빙긋 웃으며 품속에서 작은 병을 꺼냈다.

"차에 이걸 타면 돼. 독약은 아니니까 안심하고."

모로스는 순순히 그가 내미는 병을 받았다.

"누구에게 먹이면 됩니까?"

세메이온은 빙긋 웃었다.

"그런 걸 일일이 가르쳐 줘야 해? 당연히……."

침묵에 잠긴 길고 긴 하루가 지나고 마침내 새벽이 밝았다. 아폴론은 약간 긴장한 얼굴로 방을 나섰다.

대문 밖에는 이미 활을 둘러멘 다프네가 말고삐를 잡고 서 있었다.

아폴론은 무거운 한숨을 쉬었다.

"레스터 계곡은 위험한 곳이야."

"알아요. 하지만 내 인생이 걸린 일인데 여기서 멍하니 기다릴 생각은 없어요. 그리고 또 알아요? 그 동굴의 주인을 내가 잡을지?"

다프네의 고집을 누구보다 잘 아는 아폴론은 몸조심하라고 말해줄 수밖에 없었다. 그리고는 문득 고개를 갸웃거렸다.

"응? 레나는?"

"자고 있을 거예요. 잠깐 들여다봤는데 피곤한지 정신없이 자더라고요. 일부러 안 깨우고 왔어요."

아폴론은 고개를 끄덕였다.

"피곤할 만하지. 잘했어. 어차피 걔가 사냥을 할 것도 아니니까."

다프네는 아폴론을 따라 천천히 고개를 끄덕이며 아직 어두운 집 쪽을 돌아보았다. 그녀가 궁금한 것은 레나가 아니라 세메이온이었다. 설사 목숨을 잃을지라도 다프네의 사랑을 얻기 위해서라면 레스터 계곡으로 달려갔을 그가 보이지 않는다는 사실에 다프네는 약간 당황하고 있었다.

"그 뺀질이 왕자는 포기한 건가? 아니면 벌써 출발한 거야?"

그런 다프네의 마음을 읽기라도 한 것처럼 아폴론이 꺼낸 말에 다프네는 화들짝 놀랐다.

"그, 그야 가 보면 알겠죠. 저 먼저 갈게요."

다프네는 방금 전 자신의 반응이 기분 나쁜 듯 날듯이 말에 올라탔다. 그리고는 뒤도 돌아보지 않고 말을 달렸다.

"가, 같이 가!"

아폴론은 허둥거리며 다프네의 뒤를 따라 달렸다.

끼이익.

다프네와 아폴론이 떠나자 기다렸다는 듯이 문이 열리고 모로스가 걸어 나왔다. 그는 두툼한 망토를 두르고 등에는 커다란 보따리를 메고 있었다. 지팡이까지 든 그는 복잡한 얼굴로 정원 가운데 멈춰 섰다. 언제나 맑고 깨끗하던 샘물은 진흙탕처럼 탁하게 변한 채였다. 두 번 다시 깨끗해지지 않을 것처럼.

미동도 없이 선 모로스의 눈에는 슬픔이 가득했다.

"거짓 예언의 대가가 이것입니까?"

대상 없는 질문을 혼잣말처럼 중얼거린 뒤 모로스는 힘없이 돌아섰다. 그리고 그대로 대문을 나섰다.

레스터 계곡은 거친 바위산과 깎아지는 듯한 폭포 너머에 자리하고 있었다. 괴물들의 둥지라고 불리는 곳답게 레스터 계곡으로 다가갈수록 공기 속에는 섬뜩한 긴장감이 묻어났다.

"워~!"

다프네는 계곡 입구에 들어서자마자 앞다리를 번쩍 들고 미친 듯 날뛰는 말을 달래고 달래다가 결국 말에서 내려야 했다. 다프네가 내리자마자 말은 재빨리 레스터 계곡 반대쪽으로 도망쳤다. 잘 길들여졌다고는 하나 포식자의 존재를 눈치챈 초식동물의 본능은 어쩔 수가 없었다.

크르르르.

계곡은 한치 앞도 보이지 않을 정도로 짙은 안개에 싸여 있었다. 안개 속 어디선가 거칠고 더운 숨소리가 들렸다. 다프네는 주의 깊게 주변을 살피며 등 뒤에 둘러멘 활을 들고 화살을 걸었다.

핑!

날카로운 소리와 함께 화살이 안개 속으로 사라지는 것과 동시에 비명소리가 들렸다. 사냥이 시작된 것이다. 다프네는 화살이 명중했는지 확인할 새도 없이 바람처럼 달렸다.

"다프네!"

다프네가 화살을 쏘는 것과 거의 동시에 아폴론도 계곡 안으로 들어섰다. 부지런히 따라온다고 따라왔음에도 다프네는 벌써 안개 저쪽으로 사라진 뒤였다. 그는 그녀의 재빠름에 한탄하고 또한 그 강인함을 예찬하며 한 발짝 한 발짝 계곡 안으로 걸음을 옮겼다.

아폴론 역시 다프네와 마찬가지로 계곡에 들어서자마자 짐승들의 공격을 받았다. 이름도 모를 짐승들은 아폴론이 황금빛 기운을 풀풀 풍기고 있음에도 불꽃에 달려드는 불나방처럼 몰려들었다.

"사냥이란 말이지."

아폴론은 느린 동작으로 활을 뽑아들었다. 언젠가 에로스에게 자랑했던 바로 그 활이었다. 웬만한 성인의 키만큼이나 큰 활의 시위를 가볍게 당긴 그는 다른 화살보다 길이가 두 배는 족히 되어 보이는 화살을 걸었다.

핑!

굳이 신의 능력을 쓰지 않더라도 그의 화살은 백발백중이었다. 안개는 아무런 문제가 되지 않았다. 아폴론은 자신에게 덤벼드는 짐승들을 하나씩 하나씩 사냥하며 계곡의 중심부로 향했다.

"으으, 머리야……."

아폴론과 다프네가 계곡에서 짐승들을 쫓거나 그 반대로 짐승들에게 쫓기던 시간, 레나는 머리가 깨질 것은 두통을 느끼며 잠에서 깨어났다. 정신을 뜨자마자 가장 먼저 느낀 건 답답함이었다. 두꺼운 천에 눈앞이 막혀 있었기 때문이다.

두 눈뿐만 아니라 두 팔도 단단히 묶인 채였다. 당황한 레나는 버둥거리며 어떻게든 밧줄을 풀어내려 했지만 등 뒤로 묶인 줄은 움직이면 움직일수록 더욱 더 팔목을 조일 뿐이었다.

바스락.

바로 그 순간 누군가 마른 나뭇잎을 밟는 소리가 났다. 레나는 그쪽을 향해 외쳤다.

"여보세요! 누구 없어요? 좀 도와주세요!"

발소리는 점점 가까워졌다. 그리고는 곧이어 레나의 눈을 가렸던 천이 풀렸다.

"윽!"

갑작스레 들이닥친 빛 때문에 레나는 눈을 몇 번 깜빡였다. 흐릿한 시야에 누군가 앞에 서 있는 것이 보였다. 서서히 빛에 적응한 뒤에 레나는 그가 세메이온임을 알아보았다.

"세메이온 왕자님! 우와, 다행이에요. 전 모르는 사람이면 어쩌나 했는데. 아, 이 줄 좀 풀어주세요."

레나는 반가움과 안도가 뒤섞인 목소리로 세메이온을 반겼다. 하지만 세메이온은 레나의 말을 알아듣지 못한 듯 두어 발자국 떨어진 곳에 선 채 꼼짝도 하지 않았다.

"왕자님? 저 묶여 있잖아요. 이것 좀……."

"멍청이. 내가 묶었는데 내가 풀어줄 리가 없잖아."

세메이온의 말에 레나는 잠깐 동안 멍한 표정을 지어야 했다.

"그게 무슨…… 왕자님이 날 묶다니요?"

세메이온은 멍하니 그를 올려다보는 레나를 내려다보다가 풋, 웃음을 터뜨렸다.

"크하하하! 정말 바보 같은 여자로군. 널 여기로 데려온 게 나라는 거다. 이래도 못 알아듣겠나?"

세메이온의 말에 레나는 그제야 그의 얼굴을 똑바로 쳐다보았다. 한쪽으로 비틀린 입술과 일그러진 표정, 단 한 번도 본 적 없는 섬뜩한 눈빛에 소름이 돋았다.

그의 달라진 태도에 레나는 차가운 물을 뒤집어 쓴 것 같았다. 정신을 잃기 전의 상황이 그제야 선명히 떠올랐다.

"난 모로스가 준 차를 마시고 기절했는데……."

"기절한 게 아니라 잠이 든 거지. 내가 약을 타라고 시켰거든."

"모로스가 왜…… 그는 예언자잖아요?"

"물론 그는 신의 뜻을 전하는 예언자이니 왕자인 나의 말을 따를 필요는 없어. 하지만 그는 나의 말에 복종해야만 한단다. 내 말 한마디에 그의 어머니가 죽을 수도 있거든."

"모로스의 어머니요?"

"그의 어머니는 나의 유모야. 어렸을 때 그와 나는 함께 자랐단다. 어렸을 때부터 그 애는 나의 시종이자 노예였고 장난감이었지. 운 좋게도 예언자가 되어 나에게서 벗어났지만 그의 어머니는 여전히 나에게 속한 재산이야. 죽이는 것도, 살리는 것도 내 마음이지."

레나는 천천히 고개를 끄덕였다. 모로스는 어머니를 살리기 위해 자신에게 수면제를 먹였을 터였다. 그리고 아마도…….

"그럼 그 예언은요?"

세메이온은 피식 웃었다. 숨길 것이 없어진 그의 미소는 더 이상 상냥하지 않았다.

"그야 당연히 거짓이지. 여기가 바로 레스터 계곡의 가장 깊은 동굴 앞이란다."

세메이온의 말에 레나는 황급히 주변을 둘러보았다. 안개 사이로 보이는 것은 붉은 물감을 통째로 들이부은 듯한 새빨간 색의 바위 절벽이었다. 하늘 높이 솟은 절벽 아래에는 커다란 동굴이 뚫려 있었는데, 레나가 묶인 곳이 바로 그 동굴 앞이었다.

"이 계곡 전체가 사나운 짐승들로 가득하지만 이곳만큼은 예외지. 저 동굴 안에는 동물들조차 마실 수 없을 정도로 차고 맑은 물이 솟는 샘이 있거든. 동굴의 주인? 그런 건 애초부터 없었어."

동굴이 있는 절벽 반대쪽은 울창한 수풀이다. 단 한 번도 인간의 손길이 닿지 않은 듯 수풀은 어지럽고 복잡했다. 키 낮은 관목과 관목 사이에는 이름 모를 덩굴식물들이 뒤엉켜 있고, 그 사이 사이로 썩은 고목들이 시체처럼 누워 있었다.

그리고 그 수풀 사이를 살피던 레나는 비명을 지를 뻔했다. 누런 눈을 번뜩이는 사나운 들짐승들이 마치 쥐를 노리는 고양이처럼 레나와 세메이온을 노려보고 있었기 때문이다.

"저, 저기……!"

레나가 본 것을 세메이온이라고 못 봤을 리 없었다. 그럼에도 그는 이상할 정도로 태연했다.

"저런 짐승들은 이제 나에게 전혀 위협이 되지 못해."

세메이온은 자신의 말을 증명하기라도 하듯 들고 있던 활에 화살을 걸었다. 그리고 수풀 사이로 아무렇게나 화살을 날렸다.

"으악! 그렇게 화살을 낭비하면……! 어라?"

엉뚱한 방향으로 날아가던 세메이온이 쏜 화살은 마치 살아 있는 생명체라도 되는 듯 스스로 허공에서 방향을 돌려 가장 가까이에 있던 들짐승의 목덜미에 꽂혀들었다.

"이 활만 있으면 난 레스터 계곡에서 가장 강한 사냥꾼이야."

세메이온이 자랑하듯 흔드는 활은 레나가 너무나도 잘 알고 있는 것이었다. 그것은 바로 레나가 직접 다프네의 집에서 세메이온에게 건네준 것이 아니던가.

"그게 그렇게 특별한 활이었어요?"

세메이온은 레나의 말에 어이가 없다는 듯 웃었다.

"특별하냐고? 이건 사냥의 여신 아르테미스의 활이야. 한 번 겨냥한 것은 절대 빗맞히는 법이 없지. 설사 그것이 신이라 할지라도."

세메이온의 말에 레나는 심장이 덜컥 내려앉는 기분이었다.

"신이라 할지라도? 그럼?!"

세메이온은 웃었다. 뱀처럼 교활하고 아이처럼 천진하게.

"아폴론도 이 화살 앞에서는 저기 저 짐승들과 다르지 않다는 말이지. 다프네 역시 죽고 싶지 않다면 나를 받아들여야만 할 거야."

세메이온의 광기 어린 말에 레나는 덜덜 떨었다.

"왕자님, 이런 건 사랑이 아니에요."

세메이온은 마치 세상에서 가장 재미있는 농담이라도 들은 사람처럼 키득거렸다.

"사랑? 크큭. 사랑이 뭔데? 어리석은 꼬마, 난 다프네를 사랑하지 않아. 단 한 순간도 저 건방지고 재수 없는 여자를 사랑한 적이 없단다."

그의 대답은 레나를 경악하게 만들기에 충분했다.

"사랑하지 않았다고요? 하지만…… 그치만 지금까지 왕자님이 한 행동들은……."

"헌신적이고 순애보적인 연기? 볼 만했지? 그치? 어색하게 보이지 않으려고 정말 노력 많이 한 거야. 처음에는 정말 미칠 뻔했는데 자꾸 하다 보니 할 만하더라고. 가끔은 정말로 내가 다프네를 좋아하는 게 아닐까 착각할 정도였다니까."

키득거리며 웃는 세메이온을 보며 레나는 할 말을 잃었다.

"하지만 전에 달의 계곡에서 다프네를 찾느라 산짐승에게 다치기까지 했잖아요?"

"산짐승에게 다친 게 아니야. 내가 스스로 찌른 거지. 궁에는 짐승의 뿔로 만든 장식품들이 많단다."

세메이온은 슬쩍 손을 들어 그날 상처 입었던 곳을 툭툭 쳤다.

"연극에는 적당한 연출이 필요한 법이거든. 정말 아프고 짜증도 났지만 효과는 좋았지."

세메이온은 이제 본색을 숨길 필요가 없어 거칠 것이 없었다.

"그 덕분에 다프네와 너는 완전히 날 믿게 되었잖아. 안 그래?"

"왜 그렇게까지 한 거예요?"

"왜라니? 당연히 왕좌에 앉기 위해서지. 난 왕이 될 거야. 내 형제들을 모두 밀어내고 왕위에 오르려면 그들보다 특별한 무언가가 필요하지. 그게 다프네야. 강의 요정! 그녀만 가질 수 있으면 나는 역사상 가장 위대한 왕이 될 거야. 아무리 많은 비가 내려도 강은 절대로 범람하지 않을 것이고, 내가 왕좌에 앉아 있는 동안은 가뭄도 없을 거야. 감히 다른 나라가 침략하지도 않을 것이며, 전쟁에서는 절대

패배하는 법이 없겠지. 시인들은 나를 칭송하는 시를 쓸 거고 내 이름은 천 년, 아니 만 년이 지나도록 기억될 거야."

레나는 자신의 검은 속을 드러내는 세메이온을 노려보았다.

"흥! 당신 마음대로 될까? 아폴론이 아는 순간 넌 끝장이야."

세메이온은 조금 전보다 더욱 소리 높여 웃었다.

"그가 내 앞에 서는 순간 그는 싸늘한 주검이 될 거야. 이게 다 네 덕분이야."

세메이온은 레나의 눈앞에 활을 흔들며 약올렸다. 레나는 눈앞이 깜깜해지는 기분이었다.

"맙소사! 내가 무슨 짓을 한 거야."

바로 그 순간 수풀 저쪽에서 누군가 다가오는 소리가 들렸다. 얼핏 들려온 고함소리와 거친 숨소리, 길게 나부끼는 그림자를 본 순간, 레나는 고함을 지르려 했다.

"오지 마……! 읍!"

"너무 많이 떠들었군. 이제 조용히 좀 해줘야겠어."

세메이온이 조금 전까지 레나의 눈을 가렸던 천으로 그녀의 입을 틀어막았다. 레나는 필사적으로 버둥거리며 마음속으로 외치고 또 외쳤다.

'제발 오지 마!'

7장
아폴론과 다프네

"헉헉."

온 종일 숲길을 달리고 비탈을 뛰어다닌 다프네의 숨소리는 거칠었다. 이렇게 숨을 몰아쉬어 본 것이 언제인지 기억도 안 날 정도였다. 가시덤불을 지나느라 옷은 찢어지고 날카로운 가시에 긁힌 팔다리에는 선명한 붉은 선이 그려졌다. 깨끗하던 옷은 더러운 진흙과 검푸른 이끼 덕분에 넝마처럼 변해버렸다.

"으아, 정말 돌아버리겠네."

레스터 계곡은 그 명성에 걸맞게 거대한 이빨로 무장한 짐승들의 천국이었다. 어찌나 활을 쏘아댔던지 팔이 후들후들 떨렸다. 등 뒤의 화살 통은 거의 비었고, 암사슴의 단단한 힘줄을 꼬아 만든 활시위는 금방이라도 끊어질 듯 너덜거렸다. 마침내 눈앞에 핏빛 절벽이 나타

나자 다프네는 오히려 안도의 한숨을 쉬었다.

"그나마 화살이 두어 개라도 남아 있어서 다행이군."

하지만 덤불을 헤치고 나간 다프네는 그 자리에 멈추어 섰다. 모로스의 집에 있어야 할 레나가 동굴 앞에 묶여 있었기 때문이다. 등 뒤로 두 팔이 꽁꽁 묶이고 입까지 틀어 막힌 레나는 뭐라고 외치려는 건지 억눌린 소리를 내고 있었다.

그리고 그런 레나의 옆에 세메이온이 서 있었다.

다프네는 전혀 다른 사람인 것처럼 보이는 차가운 표정의 세메이온을 보았다.

"너 뭐야? 네가 원하는 건 나 아니야? 레나는 놔두고 그 화살은 날 겨냥해야 하는 거 아닌가?"

세메이온이 말했다.

"넌 이번 사냥에서 내가 얻을 가장 큰 전리품인데 그럴 수야 없지. 레나가 죽는 걸 보고 싶지 않으면 이걸 마셔."

"물은 아닌 것 같은데 뭐지?"

"마셔 보면 알겠지."

세메이온은 다프네의 앞에 보기에도 수상한 물이 든 병을 내밀었다. 보라색이 도는데다가 달콤하면서도 독한 향기가 풍기는 물은 제정신이 있는 사람이라면 절대로 마실 리가 없었다. 하지만 그럼에도 다프네는 물을 받아들 수밖에 없었다. 세메이온의 다른 손에 들린 화살이 레나의 목에 닿아 있었기 때문이다. 뾰족한 화살촉이 레나의 가늘고 하얀 목을 파고들었다.

다프네는 이를 뿌득 갈았다.

"어쩐지 처음부터 마음에 안 들더라니 꿍꿍이가 있었군. 이 계곡이 네 함정인 거냐?"

"그래. 이 동굴에는 어떤 짐승도 살지 않아. 짐승들이 마시기에는 너무 맑고 차가운 샘물이 흐르거든. 하지만 모로스의 예언이 아주 틀린 것도 아니지. 네가 바로 내 인생 최고의 사냥감이니까."

세메이온은 말을 하며 화살을 든 손에 힘을 주었다. 레나는 비명도 지르지 못하고 그저 고통스러운 신음을 흘렸다.

'마시지 마! 마시지 말라고!'

다프네는 눈물이 그렁그렁한 레나의 눈을 잠깐 바라보았다. 그리고 아주 작은 미소를 지었다.

"레나, 난 너를 죽게 내버려 둘 수 없어."

다프네는 단숨에 물병을 비웠다.

"크윽! 더럽게 쓰네."

풀썩!

오만상을 찡그린 다프네가 한 순간 바닥에 쓰러져다. 실이 끊어진 인형처럼 힘없이 쓰러지는 다프네를 보며 레나는 필사적으로 발버둥을 쳤다. 밧줄에 쓸린 손목이 쓰라렸지만 그 덕분에 레나는 자유를 되찾을 수 있었다.

"다프네!"

레나는 밧줄이 풀리자마자 다프네에게 달려갔다. 화살이 닿아 있던 목에 상처가 나 피가 흘렀지만 레나는 아픈 줄도 몰랐다.

"이 악당! 대체 다프네에게 뭘 먹인 거야? 독이라도 먹인 거야?"

급히 안아든 다프네는 마치 열병이라도 앓는 사람처럼 부들부들 떨었다. 그 짧은 시간동안 온몸이 푹 젖을 정도로 땀이 흘렀고, 입술은 창백한 보랏빛이었다.

파랗게 질린 레나와 달리 세메이온은 웃음을 터뜨렸다.

"하하하! 독약은 맞지만 죽이진 않아. 다프네와 결혼하기 위해 이 모든 걸 연출했는데 죽일 리가 있어? 내가 시키는 대로만 하면 꼬박꼬박 해독약을 줄 거야. 물론 안 죽을 만큼만. 다프네는 영원히 내게서 벗어나지 못하게 되겠지."

"세메이온!"

바로 그 순간, 동굴 앞에 또 한 사람이 들이닥쳤다.

"넌 늦었어, 아폴론!"

세메이온의 시선이 아폴론에게 간 사이 레나는 다프네의 어깨를 꽉 안았다.

"온몸이 불덩이야. 어떻게 하지?"

바로 그 순간 레나의 머릿속에 조금 전 세메이온의 말이 떠올랐다.

"샘물!"

레나는 온 힘을 쥐어짜 다프네를 동굴로 끌고 갔다. 동굴 안쪽에는 정말로 물이 퐁퐁 솟아나는 샘이 있었다. 레나는 급히 자신의 치마를 찢어내 차가운 샘물을 흠뻑 묻혔다.

"열이 떨어져야 하는데."

레나는 차가운 물을 머금은 천으로 다프네의 얼굴과 팔을 닦아냈다. 차가운 물 덕분인지 다프네는 힘겹게나마 눈을 떴다.

"조금만 참아봐. 아폴론이 틀림없이……!"

다프네의 어깨를 찬 물로 닦아내던 레나가 문득 손을 멈추었다. 다프네의 어깨에 난 상처 때문이었다. 얼핏 봐서는 작은 점처럼 보이는 상처는 자세히 들여다보면 작은 다이아몬드 모양임을 알 수 있었다.

레나는 떨리는 목소리로 물었다.

"다프네, 이거 어디서 다친 거야?"

"몰라. 사냥 다니다가 가시에 찔린 것 같은데……."

"이건 가시에 찔린 게 아니라 화살에 맞은 거야. 아주 특별한 화살."

"에로스의 납화살?"

고열로 희미해져가는 의식 속에서도 다프네는 레나의 말을 이해했다. 그리고 그제야 자신이 왜 남자들, 특히 아폴론을 꺼려했는지를 알게 되었다.

"납화살에 맞은 걸 돌이킬 수는 없을까?"

레나의 질문에 다프네는 고개를 흔들었다. 그리고 그제야 깨달았다. 아폴론을 볼 때마다 점점 더 짜증이 나고 한편으로는 두려움까지 생기는 이유는 그가 자신의 마음속에서 점점 더 크게 자리잡고 있기 때문이라는 사실을.

그리고 그것은 다프네를 더욱 슬프게 했다. 자신이 영원히 아폴론을 사랑할 수 없으며, 시간이 흐를수록 점점 더 그를 증오하게 될 것이기 때문이다.

"으아악!"

동굴 밖에서 누군가의 비명이 들려온 것은 바로 그 순간이었다.

"아폴론!"

다프네와 레나가 합창하듯 입을 모아 외쳤다.

"으윽!"

그와 동시에 다프네는 신음을 흘리며 머리를 감싸 쥐었다. 그의 얼굴을 떠올리는 것만으로도 머리가 깨질 듯한 고통이 밀려들었다.

"레나, 나가 봐. 어서……!"

레나는 입술을 깨물고 고개를 끄덕였다.

"금방 돌아올게."

짙은 안개 속에서 다프네를 잃어버린 뒤 온 계곡을 뒤지느라 뒤늦게 달려온 아폴론은 눈앞에 펼쳐진 광경에 분노했다. 온몸을 황금빛으로 물들인 그의 우레와 같은 고함은 레스터 계곡 전체를 뒤흔들었다. 무서울 것 없던 레스터 계곡의 짐승들도 그 순간만큼은 꼬리를 내리고 숨을 죽였다.

하지만 정작 분노의 대상인 세메이온은 태연하기 그지없었다. 그는 오히려 싸늘하게 웃으며 활을 들어올렸다.

"그까짓 화살로……!"

푹!

아폴론의 말이 끝나기도 전에 세메이온이 쏜 화살이 그의 어깨에 꽂혔다. 아폴론은 마치 불에 달구어진 화살에 맞은 듯 끔찍한 비명을 지르며 그 자리에 주저앉았다.

"이건, 설마?!"

아폴론의 눈이 그제야 세메이온의 손에 들린 활에 가 닿았다. 믿을 수 없다는 듯 그의 눈이 휘둥그레졌다.

"아르테미스의 활!"

"맞아. 네 동생의 활이야. 짜릿하지?"

세메이온은 지체 없이 두 번째 화살을 날렸다. 화살은 바람보다 빠르게 아폴론을 향해 날아갔다.

"으아악!"

아폴론은 재빨리 몸을 돌렸다. 하지만 세메이온의 화살은 절대로 목표물을 놓치는 법이 없었다. 화살이 꽂히는 것과 동시에 등이 타들어가는 듯한 고통이 밀려들자 아폴론은 자신이 신이라는 사실도 잊은 채 비명을 질렀다. 아르테미스와 아폴론은 한날한시에 태어난 쌍둥이다. 그녀의 기운이 담긴 활이 쏘아낸 화살은 아폴론을 죽일 수 있는 치명적인 무기였다. 아폴론은 상처를 통해 자신의 신성함이 안개처럼 흩어지는 것을 느끼며 생전 처음 절망을 느껴야 했다.

"아폴론!"

동굴 밖으로 뛰어나온 레나는 금방이라도 쓰러질 듯 휘청거리는 아폴론을 보며 경악했다. 그리고 그의 앞에는 새 화살을 시위에 거는 세메이온이 있었다. 이미 두 대의 화살을 맞은 아폴론이다. 세 번째 화살은 틀림없이 그의 심장을 꿰뚫을 것이 뻔했다.

순간적으로 레나의 눈에 아폴론의 얼굴 위로 상냥하게 웃는 우혁의 얼굴이 겹쳐 보였다. 그리고 그 다음 순간 레나의 몸은 어느새 세메이온의 화살 앞을 가로막고 있었다.

핑!

화살이 시위를 떠나는 소리가 들렸다고 생각하는 순간, 차가운 화살촉은 벌써 레나의 가슴 깊숙이 파고들었다.

"큭……!"

숨도 쉴 수 없을 만큼의 고통이 밀려오자 레나는 눈을 부릅떴다. 그리고 그 다음에는 모든 것이 천천히 움직였다. 슬로우 모션처럼 자신의 이름을 부르는 세메이온과 분노하며 세메이온을 향해 내달리는 아폴론의 모습을 보며 레나는 풀밭 위로 쓰러졌다.

'이게 다 선우혁 그 녀석 때문이야. 노래 들은 값 진짜 비싸게 치른다. 망할 녀석…….'

"레나!"

아폴론은 지금 자신의 눈앞에서 벌어지는 이 모든 일이 비현실적으로 느껴졌다. 시커먼 본색을 드러낸 세메이온도, 파랗게 질려 쓰러지던 다프네도, 그리고 겨우 화살에 비틀거리는 자신도.

다른 그 무엇보다 비현실적인 것은 자신의 눈앞에서 자신을 대신해 피를 흘리며 쓰러진 레나였다.

"으아아악! 세메이온!"

아폴론은 고함을 지르며 단번에 세메이온을 덮쳤다. 성난 사자보다 더 거친 그의 기세에 놀라 세메이온은 허둥지둥 다시 시위에 활을 걸었다. 하지만 그가 시위를 당기는 것보다 아폴론이 더 빨랐다.

"용서 못 해!"

아폴론의 주먹이 세메이온의 얼굴을 후려쳤다. 그리고 뒤이어 그의 팔을 뒤로 꺾었다. 세메이온은 비명을 지르며 들고 있던 활을 떨어뜨렸다. 비록 신의 능력이 흩어졌음에도 아폴론은 여전히 세메이온보다 강했다.

"내 계획을 망치게 둘 것 같아? 죽어!"

난생 처음 겪어보는 고통은 세메이온의 분노를 몇 배로 키웠다. 세메이온은 곱상한 외모와 어울리지 않는 괴성을 지르며 아폴론에게 주먹을 날렸다.

분노는 둘 모두가 이성의 끈을 놓고 눈을 멀게 했다. 정신없이 바위 절벽 위를 뛰고 달리고 이리저리 뒤엉켜 싸우던 둘은 절벽 끝에 다다라서야 자신들이 어디에 서 있는지 돌아보게 되었다.

"이런…… 잠깐만! 이러다가 우리 둘 다 떨어져!"

세메이온은 그제야 다급히 아폴론에게 외쳤다. 하지만 아폴론은 싸움을 그만둘 생각이 없었다.

"잠깐 좋아하네. 넌 처음부터 마음에 안 들었어!"

뻐억!

아폴론은 그대로 주먹을 뻗었다. 온 힘을 다한 그의 주먹은 그대로 세메이온의 얼굴에 꽂혔고, 균형을 잃은 두 사람은 동시에 절벽 아래로 굴러떨어졌다.

"으아아악!"

수직에 가까운 절벽 아래는 온통 바위였다. 세메이온은 비명을 지르며 그대로 바닥으로 떨어졌다.

아폴론도 상황은 마찬가지였다. 하지만 그는 아직은 죽을 수 없었다. 무엇보다 다프네가 무사한지 확인해야만 했다.

필사적으로 팔을 뻗은 그의 손에 운 좋게도 나무뿌리가 잡혔다.

투욱!

바싹 마른 뿌리는 그의 체중을 견디지 못하고 이내 끊어졌다. 하지만 그 덕분에 떨어지는 속도는 현저히 느려졌다.

동굴 속의 샘물은 다프네의 고열을 떨어뜨려주었을 뿐만 아니라 그녀가 먹은 독의 기운도 어느 정도 가라앉혀 주었다. 그녀는 강의 요정이고, 신선하고 맑은 물은 그녀의 생명력을 북돋아주었다.

그럼에도 여전히 손가락 하나 까딱하기 힘들 정도로 몸이 무거웠다. 하지만 다프네는 일어서야만 했다. 동굴 밖에서 레나의 비명소리와 절규와도 같은 아폴론의 고함소리가 들렸기 때문이다.

 이를 악물고 나간 동굴 밖의 상황은 다프네가 상상했던 것보다 더 좋지 않았다. 아폴론과 세메이온은 괴성을 지르며 뒤엉켜 싸우고 있었고, 레나는 왼쪽 가슴에 화살을 맞은 채 쓰러져 있었다. 더 위험한 것은 사방에서 피냄새를 맡고 몰려드는 짐승들이었다.

 아주 잠깐 아폴론에게 시선을 던지던 다프네는 이내 고개를 돌려 그를 외면했다. 그의 얼굴을 보기만 해도 머리가 아프고 속이 울렁거렸다. 자신을 위해 달려왔을 게 뻔한데도 누군가 심장을 힘껏 움켜쥐기라도 한 것처럼 고통스러웠다. 얼핏 그의 얼굴이 지옥의 괴물보다 더 무서워 보이기도 했다.

 다프네는 심장을 움켜쥐고는 휘청거리는 걸음으로 레나에게 다가갔다.

 "맙소사……."

 레나의 상태는 심각했다. 바닥에는 피가 한 가득이고, 건강하던 얼굴색은 어두운 밤하늘에 뜬 달빛만큼이나 창백했다. 얼굴을 가까이 대니 숨소리가 거의 들리지 않았다.

 "제발 죽지 마."

 다프네는 레나를 질질 끌어 옮겨 동굴로 돌아갔다. 레나가 움직인 궤적대로 붉은 피의 선이 그려졌.

 마침내 동굴 안으로 돌아온 다프네는 레나를 아예 샘물 안에 눕혔다. 얼음물처럼 차가운 물에 풍덩 빠졌음에도 레나는 의식을 되찾지 못했다.

"아버지, 나의 목소리가 들린다면 제발 대답해 주세요. 제발 레나를 살려주세요."

다프네는 두 손을 물속에 넣고 간절히 기원했다. 그러자 신기하게도 샘물은 마치 살아 있는 생물인 듯 꿈틀꿈틀 움직여 레나의 몸을 감쌌다.

더욱 신기한 일은 그 다음에 일어났다. 레나의 가슴에 깊숙이 꽂혀 있던 화살이 서서히 밀려나더니 완전히 빠져 나와 물 위로 둥둥 떠오른 것이다.

"후우."

그리고 레나의 몸 역시 물 밖으로 떠올랐다. 그와 동시에 창백하기만 하던 뺨이 다시 장밋빛으로 물들었고, 거의 들리지 않았던 숨소리도 편안해졌다. 가슴의 상처는 이미 씻은 듯 사라졌다. 강의 신의 능력이었다.

"다행이야."

다프네는 안도의 숨을 내쉬며 레나를 샘물 밖으로 끌어냈다.

레나의 상처를 치료해준 강의 신은 정작 다프네의 독을 치료하지는 못했다. 다프네는 다친 것이 아니라 독약을 먹었기 때문이다. 잠시의 시간을 벌어줄 수는 있어도 온전히 치료할 수는 없었다.

하지만 그보다 더 중요한 이유는 다프네 스스로 치료받기를 거부했기 때문이다.

 저벅.

 등 뒤에서 발소리가 들리자 다프네는 뒤를 돌아보았다.

 "아폴론님."

 비틀거리며 다가오는 아폴론의 상태는 한 눈에 보아도 좋아 보이지는 않았다.

 "레나는…… 괜찮아?"

 아폴론의 질문에 다프네는 대답 대신 고개를 끄덕였다.

 "다행이네. 다프네, 넌……."

 "잠깐만! 거기서…… 잠깐 거기 서서 내 얘기를 들어주세요."

 다가오려던 아폴론은 어딘지 필사적인 다프네의 목소리에 그 자리에 멈추어 섰다.

 "왜……."

 "나는 당신을 사랑할 수 없어요."

 "기다릴 수 있어. 내가 보기보다 인내심이 많은 남자야."

 "그런 게 아니에요. 전 영원히 당신을 사랑할 수 없어요. 이거 보이세요? 전 에로스의 화살에 맞았어요. 그리고 그 대상은 바로 당신인 것 같네요. 당신이 잘해주면 잘해줄수록 난 낭신이 싫이질 기예요. 당신뿐만 아니라 다른 모든 사람들을 미워하게 될 거예요."

 다프네의 말을 듣는 순간 아폴론은 심장이 멈추는 듯한 충격을 받았다. 상처도 없는 가슴을 움켜잡으며 아폴론이 되물었다.

"네가…… 뭐에 맞았다고?"

다프네는 대답 대신 천천히 일어섰다. 그리고 미소 지으며 아폴론에게 걸어왔다. 그녀의 미소는 아름답고도 처연하여 아폴론은 손도 내밀지 못한 채 그저 다가오는 다프네를 바라보고만 있었다.

"나는 강의 요정이에요. 당신처럼 올림포스의 신은 아니지만 인간보다는 훨씬 더 오래 살 게 분명하죠. 아무에게도 사랑받지 못하고, 아무도 사랑할 수 없는 시간을 버티며. 지금 이렇게 다가가는 순간에도 난 점점 당신이 싫어지고 무서워져요. 난 점점 외로워지고 결국 괴물이 될지도 몰라요. 그러니까……."

마침내 다프네가 아폴론의 바로 앞에 멈추었다. 그때까지 아폴론은 도저히 믿을 수 없다는 표정으로 다프네를 바라보고 있었다. 아폴론의 눈시울이 뜨거워졌다. 심장이 산산이 부서지는 고통에 그는 입을 열 수조차 없었다.

"안 돼, 제발……."

다프네가 천천히 손을 올려 아폴론의 뺨에 손을 댔다.

"그러니까 우리 여기까지만 해요."

아폴론의 뺨을 쓸어내리는 다프네의 손가락은 처음에는 부드러웠지만 점차 딱딱해져갔다. 아폴론은 의아한 듯 눈을 크게 떴다.

"뭐……?"

다프네의 손끝만 딱딱해진 것이 아니었다. 이미 그녀의 다리는 딱딱한 껍질에 뒤덮여 그 자리에 뿌리를 내렸고 풍성한 머리카락은 짙

푸른 초록빛으로 물들었다. 둥근 어깨는 보드라운 이끼가 내리고 도자기처럼 투명하던 피부는 점차 짙은 갈색으로 변했다.

"다프네 너······."

아폴론은 말을 끝내지 못했다. 다프네의 입술이 그의 입술에 스치듯 닿았다.

"안녕."

다프네의 말에 아폴론은 그제야 정신을 차렸다. 그리고 급히 손을 뻗어 그녀를 안았다. 하지만 이미 다프네는 마지막 키스와 함께 한 그루의 나무로 변한 뒤였다. 아폴론은 그 앞에 무너지듯 꿇어 앉아 울부짖었다.

"안 돼······ 안 돼······!"

그의 절규는 결국 공허한 외침이 되어 동굴 안을 떠돌았다. 그는 심장을 움켜쥐며 울부짖었다.

"에로스! 에로스! 제발 날 용서해줘! 제발 그녀를 돌려줘!"

아폴론은 태어나 처음으로 애원했다. 그제야 사랑이 얼마나 막강한지를 깨달았지만 이미 그의 사랑은 한 그루의 나무가 되어버린 뒤였다. 사랑을 비웃던 그에게 가해진 에로스의 복수는 잔인할 만큼 가혹했다. 아폴론은 서럽게 울었다.

레나가 깨어났을 때 주변은 달빛이 내린 뒤였다. 바닥에 깔린 마른 풀잎이 바스락거리는 소리에 일어난 레나의 눈에 가장 먼저 띈 것은

동굴 한 가운데 서 있는 나무 한 그루와, 그 나무에 기대어 앉은 아폴론이었다. 나무의 위쪽으로, 누군가 일부러 뚫어놓기라도 한 것 같은 구멍을 통해 은은한 달빛이 내렸다.

"아폴론."

레나가 그의 이름을 나직이 부르자 그제야 아폴론은 멍한 눈동자를 깜빡이며 레나를 돌아보았다. 그의 눈가가 펑펑 운 사람처럼 붉었다.

레나는 깜짝 놀라 그에게 다가가려다가 문득 걸음을 멈추었다. 다프네가 보이지 않는다는 사실을 깨달은 것이다.

"다프네는 어디 있어요?"

"여기."

아폴론은 손을 들어 등지고 앉은 월계수 나무를 툭툭 두드렸다. 때마침 불어온 바람에 길게 드리워진 나뭇잎이 흔들리며 그의 손등을 매만지듯 스쳤다.

"그 나무가 다프네라고요?"

아폴론은 놀라는 레나에게 마치 시를 읊듯, 혹은 노래를 부르듯 에로스와의 일을 이야기했다. 놀랄 만큼 담담한 목소리로. 그리고 마침내 그의 이야기가 끝이 나자 레나는 울 수밖에 없었다.

"그게 뭐야? 너무 슬프잖아."

꺽꺽 우는 레나의 어깨를 아폴론이 가만히 안아주었다. 따뜻하고 단단한 그의 가슴에 기대어 레나는 오래도록 울고 또 울었다.

아폴론은 레나가 눈물을 그치자 레나와 함께 나무에 등을 기댔다.

그리고 한 손으로 조심스레 나무 줄기를 쓰다듬었다.

"비록 지켜주지는 못했지만 앞으로 나에게 주어질 모든 영광된 순간을 다프네 너와 함께할게. 약속해."

아폴론의 말을 알아들은 듯 바람도 없는데 나뭇가지가 가볍게 흔들렸다.

8장
영원한 사랑, 영원한 이별

"난 당분간 이곳에 머물 거야."

레나가 울음을 그치자 아폴론이 말했다. 레나는 고개를 끄덕였다. 당연한 일이었다. 다프네가 이곳에 뿌리를 내렸으므로.

다음 날부터 아폴론은 동굴 안에 집을 지었다. 그는 인간처럼 직접 나무를 베고 덩굴로 묶어 동굴 주변에 울타리를 만들었다.

레나도 묵묵히 아폴론을 도왔다. 레나는 주변에서 돌을 골라 월계수 주변에 두르고 야생화를 심었다. 꽃이 필 무렵이 되면 작고 예쁜 정원이 될 터였다.

계곡의 동물들은 아폴론의 힘에 굴복한 듯 더 이상 동굴 주변에 얼씬도 하지 않았다. 밤이 되면 간간히 멀리서 짐승들의 울음소리가 들려왔지만 레나는 더 이상 두려워할 필요가 없었다.

"고마워."

마침내 동굴 안이 그럴듯하게 꾸며졌다. 아폴론의 감사 인사에 레나는 고개를 흔들었다.

"친구잖아요. 당연한 거예요."

친구라는 말을 아폴론은 조그맣게 따라했다. 그리고 피식 웃었다.

"넌 참 특이한 인간이야."

"기왕이면 특별하다고 해줄래요?"

레나의 말에 아폴론이 다시 웃었다. 따뜻하지만 어딘지 공허한 미소였지만 레나는 그것으로도 기뻤다.

"철딱서니 없는 아폴론이 철이 다 들었네."

레나의 말에 아폴론이 이번에는 조금 크게 웃었다. 사랑의 아픔은 아폴론을 한 뼘쯤 더 자라게 한 듯했다. 그리고 딱 그만큼 레나의 그리움도 깊어지게 했다.

깊은 울림이 있는 아폴론의 웃음소리를 들으며 레나는 동굴 바닥에 드러누웠다. 어느새 웃자란 보드라운 이끼가 이불처럼 레나의 몸을 감싸주었다. 참을 수 없는 졸음이 밀려들자 레나는 조그맣게 중얼거리며 잠에 빠져들었다.

'엄마랑 아빠가 보고 싶어. 선생님과 친구들도. 그리고……'

"홍레나! 넌 이런 데서 잠을 자냐? 얼른 눈 떠!"

레나는 어깨를 가볍게 흔드는 누군가의 손길을 피해 옆으로 돌아누웠다.

"음냐. 나 십분만……."

"야! 이런 데서 자면 입 돌아간다고. 얼른 일어나."

귓가에 들리는 음성은 잔뜩 짜증이 묻어 있었다. 하지만 레나의 어깨를 흔드는 손길은 조심스럽기만 했다.

"아폴론, 나 딱 십분만 더 잘게."

"아폴론은 또 누구야? 아, 미치겠다."

누군가 한숨을 쉬더니 잠에 취해 일어날 생각을 않는 레나의 몸을 번쩍 안았다. 레나는 잠결에 상대방의 품으로 파고들었고, 한숨 소리는 조금 더 커졌다.

"하아, 진짜 돌아버리겠네."

"흐아아암~"

"잘도 잔다. 겨울잠 자는 곰인 줄 알았다."

길게 기지개를 켜는 레나의 귓가에 뾰족한 음성이 들렸다. 화들짝 놀라 돌아보니 옥탑방 문에 기대선 누군가가 보였다. 빛을 등지고 선 그를 알아보기 위해 레나는 눈을 깜빡였다.

"아폴론?"

"그러니까 아까부터 아폴론이 대체 누구냐고?"

레나는 눈을 비비고 다시 한 번 그를 보았다. 익숙한 얼굴이고, 익숙한 말투였다.

"선……우혁?"

"이제 잠이 깨냐? 넌 땡땡이 친 애가 학교 운동장에서 잠을 자냐? 배짱도 좋다."

"헉! 나 얼마나 잤는데?"

그제야 정신이 번쩍 든 레나가 벌떡 일어났다. 우혁은 대답 대신 옆으로 비켜섰다. 그의 등 뒤로 천천히 서쪽 산등성이로 다가가는 해가 보였다.

"벌써 오후잖아?"

기겁을 하는 레나에게 우혁은 혀를 찼다.

"어떻게 그 딱딱한 바닥에서 하루 종일 자냐? 삼촌이 이불 가져다 덮어주라더라."

"윽! 창피해. 야, 넌 깨우려면 일찍 좀 깨우지. 아, 몰라!"

레나는 이불에 시뻘겋게 달아오른 얼굴을 묻었다. 그러다가 문득 고개를 갸웃거렸다.

"운동장에서 잤는데 내가 왜 여기서 깼지?"

"하아, 미치겠다!"

우혁이 땅이 꺼져라 한숨을 쉬었다. 그리고는 대뜸 화를 냈다.

"내가 널 들고 여기까지 올라오느라고 허리 부러지는 줄 알았다. 넌 그 와중에도 잠만 쌕쌕 잘 자더라. 그것도 화나 죽을 것 같은데 심지어 기억도 못 해?"

우혁의 말에 레나는 의외라는 듯 눈을 크게 떴다.

"여기까지 날 안고 왔어? 왜? 그냥 깨우지?"

"안 깨웠겠냐? 가볍지도 않은 널 여기까지 들고 와야 하는데?"

"흠흠. 고마워."

우혁은 그제야 방 안으로 들어섰다. 그리고는 뭔가를 침대 맡 책상 위에 올려놓았다.

"이거나 마셔."

"뭐야?"

우혁이 내려놓은 것은 차였다. 그것도 김이 모락모락 오르는 뜨거운 차.

레나가 말했다.

"이 더운 날씨에 이걸 마시라고?"

"나라고 좋아서 들고 온 줄 알아? 삼촌이 너 감기 걸릴까 봐 일부러 끓여주신 거야."

그제야 레나는 고개를 끄덕이며 찻잔을 들었다. 적당히 식은 차에서는 향긋하면서도 익숙한 향이 났다. 눈물이 날 정도로 익숙한.

"월계수?"

우혁이 뜻밖이라는 듯 말했다.

"오~ 허브차를 냄새만 맡고 맞추다니 제법이네. 그거 진짜 유기농 100%야. 네가 잠들었던 그 나무가 바로 월계수 나무거든."

"정말?"

레나는 찻잔을 다시 내려놓고 급히 방문 밖으로 뛰어나갔다.

"정말이네."

운동장 한쪽에는 정말 커다란 푸른 잎으로 운동장에 그림자를 드리운 월계수 나무가 서 있었다. 그리고 월계수 나무 뒤쪽으로 보이는 잡초 밭에는 야생화가 흐드러지게 피어 있었다.

"흠흠. 아침에는 내가 미안했어. 어제 일 때문에 좀 창피했거든."

우혁이 헛기침을 하며 말했다.

"어제 일? 아아, 노래?"

"야! 그건 비밀이라니까. 다른 사람한테는 말하지 말라고."

우혁은 누가 들을까 사방을 둘러보았다. 레나가 킥킥 웃었다.

"뭘 창피해 하고 그래? 너 노래 꽤 하던데. 가수를 꿈꿀 정도는 아니어도 노래방 스타 정도는 되겠던데?"

"야!"

우혁이 발끈하자 레나는 빙긋 웃었다.

"알았어. 이제 말 안 할게. 그리고 아까는 화가 좀 났었는데 지금은 아니야. 다 풀렸어."

"벌써?"

"내가 누구처럼 꽁하니 묻어 놓는 타입이 아니거든. 그런데 우혁이 너, 혹시 괜히 화낸 거 미안해서 날 방까지 데려다 준 거야?"

레나의 말에 우혁은 다시 헛기침을 하며 먼 산을 보았다.

"꼭 그런 건 아니고……. 넌 무슨 여자애가 아무데서나 막 자냐?"

"녀석, 귀엽게 굴기는."

레나는 괜히 화를 버럭 내는 우혁을 보며 피식 웃었다. 그리고 그의 어깨에 팔을 단단히 감았다.

"이리 와! 마음 넓은 이 누나가 너의 모든 죄를 사하여주마."

"윽! 징그럽게 뭐 하는 거야? 머리 헝클이지 마!"

"가만히 있어. 귀여워서 그래. 센 척하더니 마음은 약해가지고. 울진 않았냐?"

"야! 홍레나! 너 진짜 죽고 싶어? 저리 가라고!"

옥상에서는 때 아닌 싸움이 벌어졌다. 물론 웃음이 잔뜩 섞인 유쾌한 말싸움이었다. 그러다가 문득 레나의 머릿속에 한 가지 생각이 스치고 지나갔다.

"아, 맞다. 나 땡땡이 쳤지. 많이 혼날까?"

간신히 레나의 팔을 풀어낸 우혁은 사방으로 뻗은 머리를 손가락으로 빗어 넘겼다.

"그걸 이제야 고민하냐?"

"어떻게 하지? 우혁아, 조언 좀 해 봐. 땡땡이는 네 주특기잖아."

"아니거든? 난 잠을 자도 교실에서 자는 스타일이란다."

"헐."

우혁과 말싸움을 하며 레나는 자신이 다시 현실로 돌아온 것을 실감했다. 거대한 뱀과 싸울 일도, 해적을 만날 일도, 마녀와 싸울 일도 없는.

레나의 눈동자가 흔들리고 갑자기 표정이 변하자 우혁이 물었다.

"왜?"

레나는 빙긋이 웃었다.

"좋아서. 나 이 학교가 좋아지려고 해."

사랑의 저주를 받은
태양의 신 아폴론

신화에 등장하는 인물들 중 가장 유명한 신은 제우스입니다. 그리고 그에 못지않게 자주 등장하는 신이 바로 아폴론입니다. 아폴론은 제우스의 아들이며 동시에 태양의 신이기도 합니다. 과학이 없던 시대에 태양은 세상을 비추는 등불이었고, 모든 생명을 자라게 하는 원동력이었습니다. 당연하게도 아폴론은 모든 인간들의 경외를 받았고, 가장 널리 숭배되는 신이었습니다.

아폴론은 태양의 신이었을 뿐 아니라 음악의 신이기도 했지요. 또한 그는 질병을 다스리고 아픈 자에게 편안한 죽음을 선사했으며, 농작물과

가축의 수호신이기도 했답니다. 다재다능이라는 말이 딱 어울리는 신이었지요.

하지만 그는 사랑에 있어서만큼은 지독하리만큼 불운했답니다. 그는 평생토록 단 한 번도 사랑을 이룬 적이 없었죠. 마치 에로스의 저주에라도 걸린 듯이 말이죠. 강력한 힘도 행복을 가져다주지는 못한다는 사실은 신도 인간들과 그다지 다르지 않은 것만 같습니다.

아폴론이 어떤 신이었는지 좀 더 알아볼까요?

가장 유명한 신, 아폴로

아폴론은 탄생부터 평범하지 않았답니다. 제우스와 레토 사이에서 잉태된 그는 태어나기 전부터 막강한 힘을 가질 것이라는 신탁을 받게 됩니다. 제우스의 아내 헤라는 이를 막기 위해 거대한 뱀 피톤을 이용하여 레토의 해산을 방해하지요.

대지의 신 가이아의 딸인 피톤을 피해 레토는 바다도, 육지도 아닌 움직이는 섬 델로스에서 아폴론을 낳습니다.

훗날 아폴론은 어머니인 레토를 괴롭힌 피톤을 죽이고, 그 자리에 자신의 신전을 세웁니다. 그곳이 바로 그 유명한 델포이 신전이랍니다. 그의 신전은 가장 정확한 신탁을 받기로 유명하여 신전 앞은 항상 앞날을 궁금해 하는 사람들로 가득했다는군요.

피톤을 죽인 아폴론은 그 대가로 올림포스에서 템페 계곡으로 쫓겨나게 됩니다. 하지만 사냥과 음악을 즐기는 아폴론에게 이건 큰 벌은 아닌 것 같죠?

아폴론의 일생 중 가장 특이한 일은 신의 능력을 잃고 인간의 노예가 된 것입니다. 신이 노예가 되다니, 참 파격적이죠. 그것도 한 번이 아닌 두 번씩이나 말이죠.

첫 번째는 그의 아들 히폴리토스가 죽었을 때랍니다. 아들을 무척 사랑한 그는 또 다른 아들 아스클레피오스에게 부탁하여 죽은 아들을 되살리지요. 하지만 이것은 삶과 죽음의 규율을 깬 엄청난 죄라서 제우스는 그를 1년간 아드메토스 왕의 노예로 만들었습니다.

두 번째는 그가 포세이돈과 공모하여 제우스에게 반기를 들려던 계획이 발각되어서랍니다. 제우스는 자신에게 반역하려 한 아들에게 분노하여 아폴론을 트로이의 왕 라오메돈의 노예로 만들어버립니다. 태양의 신을 노예로 만든 제우스의 막강함이 느껴지네요.

또한 인간을 사랑하기로 유명한 아폴론은 그 유명한 트로이의 전쟁에도 관여합니다. 그는 트로이의 편에 가담하여 파리스에게 아킬레우스의 약점이 뒤꿈치라는 사실을 알려주는가 하면, 자신을 모시는 신녀 크리세이스를 강제로 끌고 간 아가멤논에게 분노하여 그리스 군대에 질병을 퍼뜨리기도 했다는군요.

아폴론은 태양의 신이자 동시에 음악의 신이라고 했던 말을 기억하나요? 그는 리라와 비파 연주의 대가였습니다. 그러던 그에게 용감하게 도전장을 던진 이가 있었으니 바로 마르시아스라는 사티로스였답니다. 허리 위는 인간이요, 그 아래는 짐승인 반인반수 마르시아스는 오만하게도 아폴론에게 악기 솜씨를 겨루자는 대결을 청했고, 자존심이 상한 아폴론은 리라를 거꾸로 든 채 연주하지요. 이 대결의 결과요? 당연히 아폴론의 승리로 끝이 난답니다.

이 작은 소동에는 우리의 귀에 익은 한 사람이 등장합니다. 모든 신과 인간들이 아폴론의 연주를 칭송할 때 단 한 사람, 미다스 왕만이 마르시아스의 연주가 더 좋았다고 말하지요. 자존심 강한 아폴론은 당장에 미다스 왕의 귀를 커다랗게 만들어버립니다. 그렇습니다. '임금님 귀는 당나귀 귀!'의 주인공이 바로 이 미다스 왕이랍니다.

이처럼 막강하고 또 로맨틱하고, 장난스럽기까지 한 아폴론이지만 단 한 가지, 결코 가지지 못한 게 있습니다. 바로 사랑이지요.
이제 그의 슬프고 안타까운 사랑에 대해 알아볼까 합니다.

다프네와 아폴론의 엇갈린 사랑

아폴론의 첫 사랑은 너무나도 유명한 다프네랍니다.
사랑의 신 에로스는 아폴론과의 말다툼 끝에 그에게 사랑의 화살을 쏘아버리지요. 화살을 맞은 아폴론이 가장 처음 만난 여인이 바로 강의 신 페네오스의 딸 다프네랍니다.
들판을 달리며 사냥하기를 즐겼던 다프네를 본 순간 아폴론은 사랑의 노예가 됩니다. 하지만 에로스의 납화살에 맞은 다프네는 맹목적으로 자신을 쫓아오는 아폴론이 그저 무서울 뿐이었지요.

다프네에게는 불행하게도 강의 요정이 태양의 신을 따돌리는 것은 불가능했습니다. 마침내 그녀의 긴 머리카락이 아폴로의 손에 닿을 듯하자 다프네는 강 속으로 걸어 들어가 아버지인 페네오스에게 자신의 모습을 바꾸어 달라고 간청합니다.

딸의 간절한 애원에 페네오스는 그녀를 나무로 바꾸어 주지요. 아폴론이 막 그녀를 따라잡는 순간, 다프네는 월계수 나무로 변합니다. 아폴론은 크게 슬퍼하며 다프네가 변한 월계수 나무에 앞으로 있을 모든 영광을 그녀와 함께하겠다고 맹세합니다. 이때부터 월계수관은 로마의 지배자, 혹은 챔피언의 상징이 되었답니다.

불행으로 끝난 또 다른 사랑

아폴론은 이후 프리아모스 왕과 헤카베의 딸 카산드라라는 여인을 사랑하게 됩니다. 아폴론은 그녀를 사랑한 나머지 그녀에게 예언자의 능력을 선물하지요. 하지만 카산드라는 아폴론의 능력을 나누어 받은 뒤 정작 그를 외면한답니다. 이에 크게 상심한 아폴로는 '너는 늘 미래를 정확하게 예언할 것이나, 누구도 너의 말을 믿지 않을 것이다'라는 무시무시한 저주를 내립니다.

실제로 그녀는 트로이 전쟁 때 트로이군에게 목마를 도시 안으로 들이지 말라고 경고하지만 아무도 그녀의 말을 믿지 않았고, 그 결과 목마 안에 숨어 있던 그리스 군에게 트로이를 빼앗기고 말지요.

아폴론은 또한 쿠마이 무녀 시빌레에게도 구혼을 했답니다. 그는 한 움큼의 모래를 그녀에게 선물하며, 이 모래만큼 오래 살게 해주겠다고 약속했답니다. 하지만 시빌레 역시 선물만을 받은 채 그를 외면했다고 하네요. 화가 난 아폴론은 약속된 수명은 주었지만 젊음은 선물하지 않았다고 합니다. 그 대가로 시빌레는 무려 천 년이라는 세월동안 점점 늙어가 마침내는 마른 고목처럼 변했답니다. '죽음'이 소원이 될 정도였다니 그 시간이 얼마나 참혹했는지는 묻지 않아도 알 수 있겠지요.

아폴론의 실연은 그 외에도 많답니다. 마르페사라는 여인은 제우스로부터 아폴론과 인간 이다스 중 한쪽을 선택하라는 말에 이다스를 택합니다. 님프인 시노페는 아폴론의 구애를 허락하기 전 한 가지 조건을 들어

달라고 말하죠. 그 조건이란 다름 아닌 죽을 때까지 처녀의 몸으로 지내게 해 달라는 것이었으니, 사실상 아폴론을 거절한 것과 다름없지요.

이쯤 되면 정말 사랑과 거리가 멀다고 할 만하죠? 하지만 이걸로 끝이 아니랍니다. 아폴론에게 또 한 번의 슬픔을 안겨 준 인물은 스파르타의 히아킨토스라는 소년입니다. 아폴론은 아름다운 히아킨토스를 어디든 데리고 다닐 정도로 아꼈습니다. 어느 날, 아폴론은 히아킨토스와 원반 던지기 놀이를 했는데, 아폴론이 던진 원반이 서풍을 타고 되돌아와 하필 히아킨토스를 맞히고 만 것입니다. 평범한 인간에 불과한 히아킨토스는 그 자리에서 숨을 거두었고, 아폴론은 자신의 실수로 죽은 소년을 기리기 위해 그의 피에서 피어난 꽃을 히아신스라고 이름 지었습니다.

그 밖에도 그의 실연의 상처는 아주 많답니다. 빛나는 외모에 엄청난 능력을 가진 신이었지만 사랑만큼은 마음대로 할 수 없었나 봅니다. 어떤 사람은 그가 지나치게 이성적이라 사랑이란 감정을 느끼지 못했을 수도 있다고 하네요.

그럼에도 불구하고 가장 친근한 신은

아폴론은 완벽한 신이 아니었습니다. 에로스와 다툴 때의 그는 초등학생처럼 유치했고, 사랑에 배신당할 때는 복수심에 불타올랐죠. 구애할 때는 일방적으로 쫓아다니기도 했으며, 감히 제우스에게 반항하다가 실패하여 노예가 되기도 하지요.

그럼에도 불구하고 아폴로는 신화 속 수많은 신들 중 사람들에게 가장 사랑받는 신입니다. 때로는 제우스보다 더욱 더 많은 추앙을 받았을 정도로 그는 인간과 가까웠고, 인간들의 삶과 일상 속에 깊이 관여해 왔다고 볼 수 있지요.

수천 년이 흐른 지금도 아폴론과 관련된 수많은 이야기들은 책, 영화, 예술 작품 속에서 우리와 마주하고 있습니다.

수많은 고난과 역경, 실연을 겪으면서도 아폴론은 단 한 번도 위대하지 않았던 적이 없었고, 설사 그 모든 능력을 잃었던 순간에도 그는 빛나는 존재였습니다.

비단 아폴론뿐 아니죠. 살아 있는 모든 존재들은 그 각각이 빛나는 태양이며, 살아 숨 쉬는 신화입니다. 여러분에게도 때로 예상치 못한 슬픔의 순간이 찾아올 수도 있습니다.

그럴 때 여러분이 기억해야 할 단 한 가지 사실은 여러분은 그 시련을 이겨낼 수 있다는 사실 그 자체입니다. 우리 모두의 가슴 깊숙한 곳에는 우리도 알지 못하는 단단한 마음이 있으니까요.

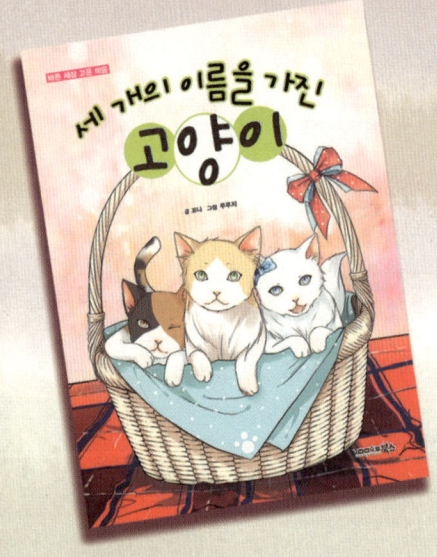

세 개의 이름을 가진 고양이

겨울비가 내리는 밤, 고양이는 자신이 누구인지 어디에서 왔는지 아무것도 모른 채 홀로 앉아 있습니다. 기억을 잃은 고양이는 친구들을 차례로 만나며 새로운 이름을 얻게 됩니다. 세 개의 이름을 거치며 자신을 찾아가는 고양이의 이야기가 지금 시작됩니다. 아픔을 가진 고양이들이 전하는 희망의 메시지를 들어주세요!

글 꼬나 / 그림 루루지 / 값 9,000

고양이 우편배달부

윤지에게는 아주 작은 친구가 있습니다. 그리고 그 친구 덕분에 아주 특별한 경험을 하게 되지요. 고양이 뿌잉뿌잉이 전달해주는 쪽지 덕에 윤지는 새로운 만남을 갖게 됩니다. 그리고 그렇게 만난 사람들 중에 놀랍게도 희주가 있었지요. 윤지는 뿌잉뿌잉 덕에 자신을 괴롭히기만 하던 희주의 아픔을 이해하게 됩니다.
편지 배달하는 고양이와 따뜻한 마음을 가진 소녀의 이야기에 귀기울여 주세요!

글 꼬나 / 그림 투리아트 / 값 9,000

바른 세상 고운 마음 시리즈

① 행복이는 똥강아지　② 눈치 없는 아이
③ 세 개의 이름을 가진 고양이　④ 할아버지는 외계인
⑤ 병아리, 날다　⑥ 엄마가 미안해 엄마 미안해
⑦ 안녕 브라우니　⑧ 고양이 우편배달부